文化适应与第二语言习得

——第二语言习得的原则与策略探析

吴小华　肖启迪　著

吉林大学 出版社

图书在版编目 (CIP) 数据

文化适应与第二语言习得 ：第二语言习得的原则与
策略探析 / 吴小华，肖启迪著 . 一长春 ：吉林大学出
版社，2019.7
ISBN 978-7-5692-5224-8

Ⅰ . ①文… Ⅱ . ①吴… ②肖… Ⅲ . ①第二语言一外
语教学一教学研究 Ⅳ . ① H09

中国版本图书馆 CIP 数据核字 (2019) 第 154399 号

书　　名：文化适应与第二语言习得——第二语言习得的原则与策略探析
WENHUA SHIYING YU DI-ER YUYAN XIDE——DI-ER XIDE DE YUANZE
YU CELÜE TANXI

作　者：吴小华　肖启迪　著
策划编辑：邵宇彤
责任编辑：代景丽
责任校对：柳　燕
装帧设计：优盛文化
出版发行：吉林大学出版社
社　　址：长春市人民大街 4059 号
邮政编码：130021
发行电话：0431-89580028/29/21
网　　址：http://www.jlup.com.cn
电子邮箱：jdcbs@jlu.edu.cn
印　　刷：定州启航印刷有限公司
成品尺寸：170mm×240mm　　16 开
印　　张：11.5
字　　数：216 千字
版　　次：2019 年 7 月第 1 版
印　　次：2019 年 7 月第 1 次
书　　号：ISBN 978-7-5692-5224-8
定　　价：49.00 元

前　言

舒曼提出："文化适应是学习者与目的语社团的社会和心理结合。"文化适应是二语习得理论中的重要概念，因为"二语习得是文化适应的一个方面，学习者对目的语社团文化的适应程度将制约第二语言水平"。文化适应假说从文化与语言的关系出发，把第二语言习得的过程看作逐步适应目的语文化的过程，认为第二语言学习者对目的语文化的适应程度决定其对该目的语的掌握程度。其中，"文化适应"是指学习者在社会和心理两方面都能融入目的语群体中，因此学习者与目的语文化的社会距离和心理距离就成了影响二语习得的主要因素。

20 世纪 70 年代末，吕必松等率先提出"把对外国人的汉语教学作为一门专门学科来研究"，这个提议得到了语言学界的支持，并写进了有关文献，于是催生了对外汉语教学这门新学科。近几十年来，对外汉语教学在总体设计、教材编写、课堂教学与测试的整体系统工程方面都取得了令人瞩目的成绩。特别是本学科的理论建设方面，在一定程度上改变了以介绍和引进国外语言教学理论为主的状况，开始走上从对外汉语教学自身的特点出发进行独立研究的道路。

二语习得研究作为一门独立学科，与其他社会科学相比，是个新领域，大都借用母语研究、教育学研究或其他相关学科的研究方法。几十年的二语习得研究产生了数十种理论、模式和假说，使二语习得成了一门发展迅速但理论建设仍处于初级阶段的学科。二语习得跨多门学科，但有其自身的研究特色，不是其他学科的附庸。

随着中国"一带一路"倡议的推进，世界上学习汉语的人越来越多。怎样使对外汉语教学更好地适应这种需要呢？笔者认为特别要做好以下几个方面的工作。

第一，以文化适应为核心视角探究汉语作为第二语言的教学原则与教学策略，针对文化适应相关问题，对外语教师的教学能力评定与提升做进一步探究，并在此基础上探讨汉语教学的教学策略。汉语中蕴含着丰富的文化信息，是影响外国学生汉语习得的重要因素；中国文化历史悠久，具有巨大的合理性内核，能为当今世界提供优秀的文化资源；弘扬中国文化，有助于树立中国的国际形象，提升中国的文化软实力。因此，文化适应理应纳入对外汉语教学体系，使教学反映语言和文化相结合的特性。在当前文化发展机遇与挑战并存的时代背景下，对外汉语教学理应将中国文化精华有机地融入对外汉语现行教学体系中，体现出语言和文化融合的特点，并保持中国文化的必要张力，构建语言与文化相结合的对外汉语教学体系。这不仅有助于我国对外汉语教学理论的丰富和充实，为对外汉语教学改革实践提供理论指导，也可为国家文化发展战略提供现实支持。

第二，从语言学、心理学、教育学等学科的结合上进一步探讨汉语作为第二语言的教与学的原理和规律，也就是要对"教什么"和"怎么教"这个语言教学中的基本问题在理论上做出科学的阐明。这需要引进和借鉴世界上最新的有关语言教学的理论，也要引进和借鉴世界上语言学、心理学和教育学的新理论和新成就，如从认知的角度考察和探求人们语言学习或习得的智能、机制和特点，并运用到对外汉语教学上。当然，这要立足于对外汉语教学的实际，也要很好地总结和借鉴我国历来语文教学的理论，重视和加强学科的理论建设，这是本学科在 21 世纪持续发展的必要条件。

第三，加强、深化和细化对汉语的语音、文字、词汇、语法以及语用在第二语言教学角度的应用研究。我们历来对教学语法或语法教学的应用研究注意得比较多，而对汉语其他层面的教学应用研究关注不够，这是应当改进的。既要学生把汉语本体结构和语用规约的知识转化为汉语的表达技能和交际能力，又要把实际的技能和能力提升为系统的知识加以贮存，就要求汉语的各组成层面的规则和语用规约合乎教学特点，特别是合乎外国人学习或习得汉语的过程及其规律，这是一个看起来传统而实际很新颖的课题。

第四，要革新教学方法，探讨各种新的语言教学手段和方式，应用各种语言信息的传输技术，特别是信息高速公路。也就是说，对外汉语教学在 21 世纪应当广泛运用新的电子技术，以形成和构建一种立体的、动态的教学体制。当前，世界已经进入信息时代，社会生活的信息化必然要求并带来知识传授及其教学活动的信息化，而语言教学的信息化必然成为其先导。因为语言既是最基本的信息载体，又是最为丰富的信息资源。这样，语言教学特别是第二语言教学或外语教学就会受到更为广泛、更为深刻的重视。所以，我们正面临着这样的形势和任务：加强和加快对汉语电化教学的研讨，把最新的信息传输技术（如多媒体技术、上网教学）应用于对外汉语教学。可以说，这是 21 世纪我国对外汉语教学必须开发的一个重要课题。多媒体可以集文字、声音、图像于一体，使之同时呈现于学习者面前，是一种立体型的教材和教学模式；它具有交互性，可以使学习者在遇到问题时自行查索，以求解答，是一种动态的教材和学习方法。用电子光盘代替纸张课本，也就改变或革新了教材出版的介质。教材介质的改变不仅有利于语言教学方式和手段的革新，还在一定程度上促进了语言教学传统观念的改变。这对我国的语言教学体制产生了重要影响。在这方面，我们应对汉语作为第二语言或作为外语教学的总体设计、教材编写、课堂教学和成绩测试这四大环节进行新的思考，即展开前瞻性的研究。

21 世纪，我国对外汉语教学将会在现代化和科学化的深度和广度上取得更新、更快的进展，其成果将丰富和充实语言教育的理论宝库，为世界的外语教学或第二语言教学的现代化、科学化做出贡献。

本书站在多学科与多方法的视角，立足第二语言学习者的学习现状，汲取语言教育学界先进的教学理念与方法，借鉴国内外已有的研究成果，结合对外汉语教学实践，对汉语习得进行了全面的综述分析，旨在为第二语言习得探寻行之有效的策略。

全书由八章构成，主要涉及汉语作为第二语言习得研究的发展前景、发展现状，世界汉语教学的发展特点，对外汉语教学的文化学基础，二语习得理论主要流派，文化适应理论，基于文化适应的对外汉语教学策略、教师能力体系构建、教学环境打造等内容，对文化适应与汉语习得问题进行了详细探讨。

本书在研究过程中得到了很多前辈和同行的支持。在本书的写作过程中，笔者参考和吸收了众多专家、学者的研究成果，并尽可能地在参考文献中列出。在此，对这些研究成果的作者表达深深的谢意。

希望本书能够给读者带来思考，也希望本书能引起更多同仁的深度关注。由于本研究仍处于不断探索和发展的过程中，加之笔者水平有限，本书难免有不妥之处，恳请各位专家和读者批评指正。

作者
2019 年 1 月

目 录

第一章　汉语作为第二语言习得研究概述

第一节　我国对外汉语教学的发展现状

一、国家和民族的事业

改革开放以来，我国与世界各国在经济、文化、教育、科技等方面的交往日益密切频繁，中国需要融入世界，世界也需要认识中国。作为我国的官方语言及联合国法定的工作语言，同时作为世界上使用人口最多的语言，汉语促进了各国之间的文化交融、科学技术的相互学习，使各国人民有了更紧密的联系，在国际和平与发展中发挥着日益重要的媒介作用。在世界上形成一股"中国热"的同时，自然掀起了外国人学习汉语的热潮。在不断认识中国的过程中，越来越多的国家对中国产生好感，愿意与中国形成友好合作关系。因此，要深刻地认识对外汉语教学的意义，将其视为促进我国改革开放，加强我国与世界各国友好交流，推动世界和平与发展的基础性事业。

我国政府清晰地认识并准确地抓住了这股潮流，肯定了对外汉语教学工作，并协调多方面的力量促进对外汉语教学工作的开展。1987 年 7 月，国务院批准成立了"国家对外汉语教学领导小组"，该小组由多个政府部门和北京语言大学组成，其中政府部门包括国家教委、国务院外事办公室、外交部、广播电影电视部、国家广播电视总局、国家语言文字工作委员会等，当时的小组组长由国家教委负责人担任。还设立了常设机构"国家对外汉语教学领导小组办公室"（简称"汉办"），具体负责对外汉语教学的日常工作，北京语言大学院长吕必松为第一任办公室主任。领导小组的成功建立及展开的一系列有利于对外汉语教学的工作大力推动了我国对外汉语教学工作的开展。此后，国家教委更加注重对外汉语教学工作，并于 1993 年在《中国教育改革和发展纲要》中明确要求"大力加强对外汉语教学工作"。

21 世纪以来，中国经济迅猛发展，与国际交流更加密切。因此，世界各国都对汉语产生了强烈兴趣。为了满足世界各国人民对汉语学习的需求，推动中国文化的传播，提升汉语的国际影响力，必须加快推进汉语走出国门、面向世界。2004 年，我国探索性地在全球各地建立了"孔子学院"。作为非营利性教育机构，"孔子学院"的宗旨是对外国人教授汉语并传播中国优秀文化。这是我国在借鉴和吸收英语、法语、德语等语言的推广经验后实施的创造性方案。

近年来，世界各国人民有了学习汉语的场所，更加深入地了解了中国优秀文化，认识到了中华民族的文化内涵，极大地深化了中外交流。孔子学院成功地在中国人民与世界各国人民之间搭建起了一座友谊的桥梁。《国家中长期教育改革和发展规划纲要（2010—2020 年）》中指出："支持国际汉语教育，提高孔子学院办学质量和水平。"2015 年以来，随着"一带一路"倡议的不断深化发展，对外汉语教学的地位和价值更加重要，其受重视程度也越来越高。2017 年，国务院发布的《国家教育事业发展"十三五"规划》中进一步强调了要大力建设孔子学院，致力孔子学院的全方位发展，大力培育高质量的师资队伍，形成平等互利、友好协商、相互尊重的教学以及研究氛围。同时，实施"孔子新汉学计划"，支持更广泛地使用和学习汉语，实现和多方语言交流，或者在当地教育体系中建立汉语教育体系，推动汉语广泛传播，更广泛地引入社会资金，推动孔子学院的建设，更好地建设网络孔子学院、示范孔子学院以及孔子学院院长学院。

党的十九大提出了我国在 21 世纪新时代进行文化建设的战略方针，明确地肯定了在中国特色社会主义建设总体布局中文化建设的重要性，确定了新时代文化建设的目标和基本要求，指出了新时代文化建设的着力点和发力点。习近平在中共十九大报告中提出，要坚定文化自信，推动社会主义文化繁荣兴盛，推进国际传播能力建设，讲好中国故事，向全世界真实、立体、全面地展示中国文化，提高国家文化软实力。汉语是中华文明源远流长的载体，教授汉语就是弘扬中华精神，因此对外汉语教学必将在我国文化建设、文化教育中发挥至关重要的作用。

二、学科地位

自 1980 年起，众多语言学界的专家、学术团体以及政府教育行政部门就针对对外汉语教学学科在教育界、语言学界的地位发表了看法。1983 年 6 月，众多学者、专家积极筹备的"中国教育学会对外汉语教学研究会"正式成立，并正式提出了以"对外汉语教学"为学科名称。在该研究会成立大会上，中国教育学会在发来的贺信中指出:"对外汉语教学已发展成为一个新的学科。"

王力早在 1984 年就指出:"对外汉语教学是一门科学。"由此可见,对外汉语教学的重要性。

朱德熙继 1984 年提出对外汉语教学"实际上是一门学问,在国外,已经变成一门学问,这需要研究"后,于 1989 年进一步指出应该培养更多的专业人才从事对外汉语教育事业。

1984 年,林焘提出:"研究对外汉语教学是门学问,是具有理论性的一门学问。"1984 年 12 月,时任教育部长的何东昌在一次报告中明确指出对外汉语教学已发展成为一门新的学科。自 2013 年起,根据《普通高等学校本科专业设置管理规定》和《教育部普通高等学校本科专业目录(2012 年)》,原"对外汉语""中国语言文化"和"中国学"三门专业合并成"汉语国际教育"专业。不同于汉语言文学等文科专业,汉语国际教育专业不仅要求学生具备扎实的汉语基础理论知识与技能,还要求学生了解跨文化交际、中国传统文化、中外文化对比、外国文化等方面的知识。

从以上事实可以看出,我国学术界及政府确认了对外汉语教学在语言学界的学科地位,极大地推动了对外汉语教学的发展。

从对外汉语教学学科建立以来,教育界联合各方为该学科的建设和发展付出了努力,为其建立了对口的专业学术机构,组织成立了专门的学术团体,同时积极进行在该领域的研究。"中国教育学会对外汉语教学研究会"自 1983 年 6 月成立后,经过五年的发展,于 1988 年被批准更名为"中国对外汉语教学学会",并且任命吕必松为学会第一任会长。学会已经成功举办了多次学术讨论会和国内外学术交流活动。同时,学会发展迅速,已经有 1 142 名注册会员。1996 年,为促进教育事业和学科研究的发展,中国对外汉语教学学会分别在华东、华北、华南、东北以及北京建立了相应分会。除此之外,由各国代表协商建立了"世界汉语教学学会",该学会是在 1987 年在北京举办的第二届国际汉语教学讨论会上成立的,它的成立对中国与世界各国间的交流和汉语在全世界范围的推广都具有重大意义。该学会的办公地点设置在北京语言大学,朱德熙任首届会长,学会广泛分布于全球 69 个国家和地区,学会会员达到 4 415 名。自 20 世纪 80 年代以来,我国在西安、北京、沈阳、上海以及德国汉诺威等地共成功举办了 11 届国际汉语研讨会。

1984 年 6 月,北京语言大学成立了"语言教学研究所",这是我国第一个对外汉语教学的专门研究机构。1987 年和 1992 年,北京语言大学又相继成立了"语言信息处理研究所"和"中华文化研究所"。为推动对外汉语学科的理论建设和教材建设,北京语言大学先后创办了专业性刊物并成立了专业出版社。1979 年 9 月,北京语言大学的内部刊物《语言教学与研究》改为正式出版的季刊，成为我国第一个对外汉语教学的专业性刊物。1987 年 9 月，由北京语言大学与中国对外汉语教学学会共同创办的《世界汉语教学》改为世界汉语教学学会会刊。《语言教学与研究》和《世界汉语教学》两个刊物都以质量过硬、影响广泛著称。在我国中文核心期刊排行榜上，《语言教学与研究》和《世界汉语教学》曾分别被列为第四位与第十二位。除此之外，北京语言大学还创办了很多相关刊物，如 1987 年创办了《学汉语》，1993 年创办了《中国文化研究》，前者是专门为外国留学生创办的具有科普性质的刊物。

此外，我国其他有影响力的团体和大学负责出版的刊物也都很重视对外汉语教学工作的进展，如国家语言文字工作委员会的《语言文字应用》、延边大学的《汉语学习》等学刊开辟了对外汉语教学研究的专栏。很多大学学报也都不定期出版了对外汉语教学专刊，北京大学、南开大学、中国人民大学等院校还出版了有关对外汉语教学研究的专辑。在此趋势下，许多出版社（如上海教育出版社、华语教学出版社、高等教育出版社、商务印书馆以及北京语言文化大学出版社）清晰地认识到了对外汉语教学的重要性，出版了很多专业的对外汉语教材、工具书和理论著作。

三、学科教育体系和课程体系

在对外汉语教学刚刚起步还没有演变成学科的初期阶段，对外汉语教学只有一种类型即为想进入中国大学学习某项专业的留学生进行简单的汉语预备教育，属于非学历教育。20 世纪 70 年代后期，对外汉语教学的地位发生了很大变化，其作为一门学科被正式确立下来。过去单一的教学模式已经不能满足一门专业学科的需要，对外汉语教学正式开始了正规大学本科、研究生的教育。1975 年，北京语言大学开始试办以外国留学生为对象、以汉语作为第二语言的教育为特征的四年制"汉语言"专业本科，当初提出的培养目标为汉语教师、翻译和汉语研究人才。之后，南开大学、南京大学、复旦大学等院校也都开设了"汉语言"专业。1996 年，北京语言大学设立了"中国语言文化"本科专业，目的是培养具有较高汉语水平，了解中国文化、中国国情，具备一定的中国语言文化素养，从事与中国有关的工作的通用型语言文化人才。1986 年，教育部正式批准北京语言大学在对外汉语教学本科基础上招收研究生，学生在汉语与外文对比、汉语和外语翻译、汉语信息处理等现代汉语专业方向上满足毕业要求后就可以被授予硕士学位。同年，北京大学汉语中心也开始招收现代汉语专业对外汉语教学方向的外国研究生。随后，其他大学的对外汉语教学单位也开始进行相关招生工作。1996 年，国家教委批准北京语言大学建立全国第一个对外汉语教学"学科教学论"（后改为"课程与教学论"）硕士专业。1997年，开始面向全国招收第一批研究生。同年，北京语言大学获得国家教委批准建立了全国第一个带有对外汉语教学方向的"语言学和应用语言学"博士专业。从学士学位到博士学位，完整的学历教育体系正式建立起来，对外汉语教学工作进入了新的阶段。

另外，对外汉语教学在非学历教育方面也有了长足的进步，取得了许多成果。除了一直有的汉语预备教育外，还增加了汉语短期教育、汉语进修教育和汉语速成教育。1978年，北京语言大学率先创办了汉语短期进修班，进修班全年教学，因材施教，从学生的汉语水平出发，把不同水平的学生分为A、B、C、D、E、F等班，课程时间从4周到6个月不等。这种短期班时间都控制在半年以内，教学方式灵活多变，教学双方有更多的选择空间。这种短期班可以满足不同水平的汉语学习者的需求，因此受到了极大的欢迎，学生人数大大增加。目前，我国从事对外汉语教学的院校已经达到300余所，而且大多数都是从事短期教学。

另一种类型的非学历教育是汉语进修教育。这种非学历教育的服务对象是国外学院中文专业的学生团体或者外国一些团体、机构、组织的进修人员，也有一些对中国文化感兴趣的外国教师。这种教育时间长于短期班，又短于本科教学，课程安排时间一般是1～2年。1994年，北京语言大学又开始探索新的对外汉语教学模式，为让学习者能短时间迅速掌握汉语，开辟了不同于常规教学的强化性教学模式，即汉语速成教育。此外，我国众多大学也都开设了为外国留学生学习汉语服务的公共课。这种课程有针对性地提高了留学生的汉语水平，使外国留学生可以更好地了解中国文化、掌握专业知识。

对外汉语教学覆盖的人员类别越来越多，针对海外华侨子弟、外交人员、商务人员的汉语教学也以不同的方式（如广播、电视、刊授、函授等）展开。在全球信息化时代，结合先进的科学技术，网上中文教学、远程汉语教学也如火如荼地进行着。如今，对外汉语教学体系是多层次的、多渠道的、多形式的，满足了各种类型学习者的实际需要。

与此同时，对外汉语学科的课程设置也在不断总结经验的基础上趋向科学化。不同教育类型（如预备教育、进修教育、短期教育、速成教育、本科教育、研究生教育等）有不同的课程设置。预备教育历史最久，积累的经验最丰富，课程也相对简单，其课程主要安排在一、二年级的初级阶段。中、高年级的对外汉语教学则起步较晚，规模还比较小，涉及的院校也不多，其探索道路非常曲折。也技能与知识、语言与文化、文化的基础性与专业性等关系方面有过很多争论，也有了一些共识。以较具代表性的汉语言专业本科教育为例，主要课程分为三大类：

语言技能课、语言知识课和中国文化知识课。

此外，与课程体系相适应的教材建设也取得了卓越的成效。据统计，近几十年来，我国学者为了满足国内对外汉语教学的需要编写出版了三百多套对外汉语教材，不但对国内的对外汉语教学有很大的帮助，而且在国际汉语教学界产生了广泛的反响。我国学者编写的部分教材畅销世界各国，成为使用率最高的对外汉语教学教材。

经过了半个世纪的努力，我国成功建立了多类型、多层次、结构完整的对外汉语教学教育体系和科学化的课程体系。

四、学科理论体系

从 20 世纪 80 年代对外汉语教学理论体系的成功建立到 20 世纪 90 年代的完善与深入发展，对外汉语教学的应用研究有了长足进步。我国对外汉语教学界同仁发表了五万余篇论文，出版了千余部著作，研究领域涉及汉语语言学、汉语教学理论、汉语习得理论和学科研究方法学等，既有基础理论研究，又有应用研究。很多基础性的研究取得了很大进展，广受国内外学术界和教育界的赞誉，仅北京语言大学就取得了如下成就。

1987 年，其成果《汉语词汇的统计与分析》获北京市第一届哲学与社会科学优秀成果一等奖，《现代汉语频率词典》获第一届中国图书奖荣誉奖。

1989 年，普及型 PJY 中文输入系统被专家鉴定为当时新一代的汉语输入方法，具有国内外先进水平，获国家教委 1991 年科技进步奖。同年，短期速成计算机辅助有声汉语教学系统获新加坡国际博览会最杰出软件设计奖。

1990 年，中国汉语水平考试（HSK）通过国家鉴定，获国家教委 1991 年科技进步奖，1993 年正式成为国家标准化考试，这也是目前世界上最具权威性、影响最大的汉语水平测试。其理论成果《汉语水平考试研究》获 1991 年北京市第二届哲学社会科学优秀成果二等奖。

1992 年，主持立项的北京口语调查成为国家教委博士点基金项目和国家哲学社会科学"七五"规划重点项目。本次调查采用人机结合方式大规模进行口语研究，具有开创性的意义。

1993 年，首次针对外国人学习和使用汉语的情况进行了大规模调查研究。为填补对外汉语教学主题词的空白，发表了世界汉语教学主题词表，为世界汉语教学文献信息管理与检索的科学化、自动化、网络化创造了条件。

1995 年，现代汉语句型统计与分析项目被列入国家教委博士点基金项目。同年，汉语中介语语料库系统被列入国家教委人文、社会科学科研规划项目，填补了汉语中介语语料库研究方面的空白，并达到了国际领先水平。

1996年，现代汉语研究语料库系统通过专家鉴定被列入国家教委"八五"人文、社会科学科研规划项目，在分词规范、词性标记及部分语法标记等方面都取得了重大突破，居国内领先水平。

随着这些重大科研项目的完成，对外汉语教学一步步地确立了学科地位。

进入21世纪，随着经济的飞速发展，我国的对外汉语教学也取得了卓著的成效，其研究的广度和深度不断拓展，进入了一个新阶段。

在这一阶段，有关偏误分析的研究仍是重点关注的领域之一，研究内容集中在汉语语音、词汇、语法、语篇等方面。由于汉字的独特性，一直以来，汉字就是汉语二语习得者的难点，因而偏误也较多，与此相对应，汉字偏误分析逐渐成为该阶段的又一研究热点。该阶段的偏误分析主要呈现出三个特点：第一，要采取实证研究和偏误分析相结合的方法，在语言教学研究中注重对语言资料库的引用；第二，要开阔对外汉语偏误分析的视野；第三，要拓宽汉语研究的层面，从而扩大偏误分析研究的范围。偏误分析教学法的开创是针对汉字的特点而设定的，以偏误分析为中心，集中力量研究汉语的语篇、语音、语法以及词汇。这样，将汉字作为二语学习的学习者就可以相对容易地掌握汉语中的偏误，从而更顺利地开展学习。

在新的研究阶段，已经不满足简单地解释或者描述已有成果，而是着重于提高对外汉语研究的水平以及质量。其研究领域重点锁定了语音和词汇：先是开展具体实践，并逐渐以此为基础进行研究，同时不放弃理论研究，要以理论为导向。这也是以偏误分析法的研究成果为基础，在词汇以及语音方面取得的新的重大成果。

关于对外汉语学习者对汉字的认知的研究主要包括三个方面：一是研究形音信息在第二语言学习者汉字认知过程中的作用；二是研究第二语言学习者心理词典表征结构；三是研究第二语言学习者正字法意识的发展。这些研究均以认知语言学以及认知心理学为基础开展。学者周娟主张采用情感教学方法，将学习者的情感引入学习过程中，以此提高教育质量。在认知心理学的指导下，汉字认知研究取得了丰硕的研究成果，还推动了汉字认知研究、对外汉语词汇认知研究以及对外汉语语音认知研究等方面的研究进度。认知心理学的引入使学者开始重视心理学知识的作用，将对外汉语教学引入了一个新的发展阶段。

经过近半个世纪的努力，对外汉语教育已初步形成自己的学科理论体系。在汉语教材建设和教材编写理论的研究方面，在教学原则的研究方面，在汉语学习理论、汉语中介语的研究方面，在汉语教学总体设计与教学大纲的制定、汉语功能大纲的研制方面，在对外汉语语言学的研究方面，不仅为我国对外汉语教学的进一步发展打下了基础，也为世界汉语教学及整个第二语言教学的发展做出了一定的贡献。

五、教师队伍建设

学科建设注重的是教师队伍的建设。对外汉语学科大力发展教师团队，已从初期的六七十人发展到今天的专职教师两千五百多人、兼职教师三四千人。同时，教师队伍的整体素质也有了很大提升。整个教师团队积累了一大批工作数十年、教学经验丰富、科研能力强大的中年教师，他们已经有很多研究成果面世。这支教师队伍也有众多年轻教师，其中不乏硕士生、博士生，他们的加入使教师队伍的学历成分有了很大的变化，为本学科的发展提供了坚实的后备力量。

教师队伍建设主要体现在本学科教师的培养方式上。20 世纪 50 年代，对外汉语教师大部分是来自高等院校中文系的毕业生，小部分是来自外语系的毕业生。20 世纪 60 年代初，基于对外汉语教师既应该有较高的汉语文学水平又应该有较高的外语水平的认识，我国采取了选择一部分中文系毕业生学习外语的方法，培养出国储备师资。直到 20 世纪 80 年代对外汉语教学学科正式建立，我国对外汉语教师培养体系才正式建立起来，并培养了一大批能力强、素养高的教师。1983 年，北京语言大学开设了对外汉语教学本科专业。随后，北京外国语学院、暨南大学、上海外国语学院和华东师范大学等高校相继开设了该专业。1986 年，华东师范大学、北京语言大学、四川大学、南京大学、北京大学、南开大学等高校开始招收对外汉语教学研究方向的硕士研究生，这也是为培养优秀的对外汉语教师做出的努力。1997 年，国家教委批准在北京语言大学建立的全国第一个"对外汉语教学学科教学论"（后改为"课程与教学论"）硕士专业开始招生。1992—1995 年，北京语言大学还从中文系和外语系的毕业生中招收了四届对外汉语教学第二学士学位生。1997 年，北京语言大学建立了全国第一个带有对外汉语教学方向的"语言学和应用语言学"博士专业。这样就完成了从大学本科到硕士、博士研究生的培养对外汉语师资的完整的学历教育体系。

2007 年 1 月，为了更好地推广汉语，使汉语走上世界，国务院学位委员会第二十三次会议审议通过了设置汉语国际教育硕士专业学位的提议，进一步改革和完善了对外汉语教学专门人才培养体系。目前，共有百余所院校着重培养汉语国际教育专业硕士研究生。2018 年 5 月，北京大学、天津师范大学、华东师范大学、华中师范大学、南京师范大学、东北师范大学等高校发布首次试点招收汉语国际教育方向教育博士专业学位博士研究生的通知。通知中称，根据国家汉办〔2018〕334 号，为贯彻落实教育部《奋进之笔》"孔子学院质量提升工程"的任务要求，提高汉语国际教育人才培养层次，教育部特批相关院校试点招收汉语国际教育方向教育博士专业学位博士研究生，培养中外汉语国际教育和中华文化国际传播的复合型高级人才。

由于种种原因，每年本学科自己培养出的"科班"出身的对外汉语教师无法补全该行业的教师空缺，中文系或外语系的教师仍是教师团队的主力军。为了使他们掌握本学科所需的知识，并熟悉对外汉语教学的原则和方法，就需要扩大教师的知识面，提升他们的业务能力。因此，培训国内外对外汉语教师是重中之重。北京语言大学受当时对外汉语教学研究会的委托，曾于1984年暑期举办恢复对外汉语教学以来的首次对外汉语教师培训班。1986年暑期，在北京举办了中美汉语教师培训班，该班由我国北京语言大学和美国俄亥俄州立大学联合举办。从1987年起，北京语言大学为了长期培训专业教师，每年都开设数期对外汉语教师培训班。1989年，北京语言大学获国家教委批准建立了对外汉语教师培训机构——汉语教师研修中心。该机构由世界汉语教学交流中心教师研修部负责日常工作。1997年底，汉语教师研修中心扩建成为汉语教师进修学院。1987—1998年底，北京语言大学举办的汉语教师培训班达到了85期，为海外30多个国家和地区、内地60多所大学培养了1 700多名教师。1992年，国家为提高对外汉语教师的从业素质，开展了对外汉语教师资格考试以及资格审定工作，以提高从业者的素质。2004年，为满足不断发展中的学科需要，国家教育委员会综合考虑后废止对外汉语教师资格证书。2015年，孔子学院总部/国家汉办主办了《国际汉语教师证书》考试。该考试分面试和笔试，通过笔试者可参加面试。该考试面向社会各界，参加考试的人员涉及社会各领域，如想要从事国际汉语教育工作的各类人士、从事汉语教学的志愿者和教师、海内外各类教育单位（机构）以及相关专业学习者。该考试为对外汉语教育招揽了大量人才，为孔子学院的发展和建设做出了巨大的贡献，使其走上了规范化、统一化、行业化的发展道路。

另外，我国台湾、香港地区的对外汉语教学也有了很大发展。香港大学、香港中文大学等展开了针对外国人的汉语教学工作，并设立了相应机构。同时，在很多以外籍中小学学生为主要对象的国际学校也开展了汉语作为第二语言的教学。我国台湾在20世纪50年代中期就开始了对外汉语教学（也称为海外华文教学），其中台湾师范大学国语教学中心、《国语日报》语文中心、中华语文研习所等十多个机构都取得了显著的研究成果，平均每届有三四千名外国学生就读。现在，我国香港、台湾地区的对外汉语教师和学者与内地同行的交流正不断扩大，为在全世界推广汉语而共同努力。

第二节　世界汉语教学发展特点

一、新世纪语言教育的重要性

（一）语言教育的重要作用

21 世纪，面对经济全球化、教育国际化不断加速发展的趋势和知识经济社会及信息社会的到来，国际分工合作大大加强，国家之间、人民之间的联系更为密切，语言作为交际工具，在当今社会的经济、文化、政治生活和国际交往中将发挥前所未有的重大作用。除了要学习本国语言外，掌握一门第二语言也很重要，不但对个人在生活以及工作方面有莫大的帮助，而且在提高公民素养、促进国家发展、全面了解世界面貌等方面有着不可替代的作用。

美国"外语教育委员会"（ACTFL）等 40 多个单位在联邦政府教育部和全美人文基金会的资助下，于 1996 年完成了《迎接 21 世纪外语学习的标准》的研究项目，提出了新世纪第二语言（外语）教育的纲领。该文件明确表明了语言和交际对人类的重要性。语言不仅是与其他人交流的工具，还是人类表达内心思想和感受以获得他人认同的情感交流方式。因此，语言是沟通的基础，学习好语言才能为良好的文化学习提供可能。这个文件还明确要求，所有的美国受教育者都要掌握除了英语以外的另外一种语言，达到能够与人顺畅沟通的程度。其中，明确了用来概括具体语言教育方向和目标的五个"C"：communication（交际）、culture（文化）、connection（贯连）、comparison（比较）、communities（社区）。

我国对第二语言教育也非常重视，政府教育部门已将外语学习纳入我国九年义务教育的课程中。一些地区设立了专门的外语学校，使用外语进行授课，提高了学生的外语水平。

时至今日更需要从社会的生存与发展、国家的进步与繁荣和培养 21 世纪新人的高度来认识语言教育的重要性。

（1）语言交流技能是人类区别于其他物种的重要因素。在当今社会，语言承载了人类的知识、文化和文明，是人与人之间信息传递必不可少的条件。因此，语言学习和语言教育仍是今天社会生存和发展的前提。

（2）语言是交际工具，是人与人、团体与团体、国家与国家之间的交流工具。我国要实现中华民族的伟大复兴，就要深化改革开放，与世界各国在经济、文化等方面交流与合作。这就需要了解外国并让外国了解我国，而这一切都离不开语言教育。

（3）语言是沟通的工具，而教育的前提是沟通。因此，语言教育是其他所有教育的前提和必要条件。进行第二语言的学习不仅有利于其他教育的进行，还有利于开发人们的智力，提高人们的交际能力，开阔人们的视野，使人们形成正确的世界观、价值观，成为新世纪的高素质公民。

（二）汉语作为第二语言教育的重要性

汉语是联合国公开承认的六种工作语言之一，其悠久的历史以及蕴含的巨大的文化价值，使其有着极大的魅力。作为我国的官方语言，其使用人数稳居世界第一位，这在一定程度上决定了汉语作为第二语言教育的重要性。

汉语承载着中华民族五千年的文化和民族精神，是中华民族文明和智慧的结晶，在世界语言系统中具有较高的地位，不断吸引着其他国家的人学习。国外语言学家认为，学习汉字有利于儿童智力的发展，提出将汉语作为儿童的启蒙语言，从而发展培养儿童智力的目标。

随着改革开放的不断深入，我国的综合国力逐渐增强，人民的生活水平日益提高，我国在国际上的地位也不断提高。随着我国友好睦邻政策的实施，我国与周边邻国以及环太平洋国家建立了良好的国际关系，这使汉语在环太平洋以及亚洲地区的重要国际语言地位得以确立。在这种形势下，汉语作为一种重要的交际工具，作为世界各国人民与中国人民沟通的桥梁，在国际经济、贸易、文化、政治事务中发挥出了越来越重要的作用。外国学者对 21 世纪汉语在国际上的地位有种种预测。可以肯定的是，至少在亚洲及环太平洋地区，它将成为一种重要的国际语言，在世界其他地区也将进一步扩大影响。汉语作为第二语言教育将因此面临更多的学习者、更高的学习需求，承担更重的任务。

二、世界汉语教学的发展特点

（一）对外汉语教学与世界汉语教学的关系

作为第二语言的汉语在教学上大体包括两个方面：在使用汉语的环境里进行的汉语作为第二语言的教学，即对外汉语教学；在非汉语环境里进行的汉语作为外语的教学。这两部分虽然主要因为语言环境的差别而影响到教学方法上的差异，但在教学对象、教学内容、教学目标和教学规律方面基本上是相同的。我国对外汉语教学仅是世界汉语教学的一个组成部分。虽然由于得汉语故乡的天时地利而成为汉语作为第二语言教学的中心和基地，但从某种意义上来说是在比较特殊的条件下进行的教学。遍布世界各地的汉语教学犹如汪洋大海，教学规模之大、学习者人数之多、提供的经验之丰富，都是我国对外汉语教学所不能比拟的。我国对外汉语教学需要认真了解、研究世界汉语教学的情况，借鉴、学习国外同行们的经验。

（二）世界汉语教学的现状与特点

世界范围内的汉语教学历史长短不一，截至目前，世界范围内总共有 100 多个国家的 3 000 多所高校开设了中文课程或设立了中文系。从汉语教学的发展历史可知，公元 3 世纪甚至是更早的时候，我国周边国家（如越南、朝鲜以及日本）就开始了汉语教学及相关研究。西欧的汉语教学则晚了一千多年，是从 18 世纪开始的。北美汉语教学则开始于 19 世纪末。北欧（除瑞典较早外）、东欧（除波兰较早外）、澳洲、非洲及拉丁美洲国家的汉语教学大都开始于中华人民共和国成立以后。

目前，世界汉语教学的发展呈现出了以下特点。

（1）学习汉语的人数迅速增长，教学规模不断扩大，但在世界绝大多数地区汉语仍属"非普遍教授语言"。

近半个世纪是世界汉语教育发展突飞猛进的时期，有的国家和地区学习汉语的人数激增。以美国为例，1960—1995 年，美国高校汉语课程注册人数增加了 15 倍。汉语是美国大学里外语学习增长速度最快的语种之一，有的学校不得不采取限额注册或预约注册的办法。

纵观近几十年的对外汉语发展进程，世界各地汉语学习有三个高潮期。第一个高潮出现在中华人民共和国成立之初，主要是东欧和亚洲的社会主义国家纷纷开展汉语教学。第二个高潮是从 20 世纪 70 年代我国恢复在联合国的合法席位、与许多西方国家建立外交关系开始。特别是 20 世纪 70 年代末，我国实行改革开放，扩大了与世界各国尤其是西方国家的交流与合作。这期间，很多欧美国家的汉语教学事业得到发展。第三个高潮形成于 20 世纪 90 年代中期，我国经济长期持续高速稳步增长，推动了世界各地学习汉语的新热潮。这一阶段汉语教学的发展主要体现在我国周边地区的一些国家。比如，日本长期以来一直是世界上汉语教学最热的国家之一，到 20 世纪 90 年代通过各种途径学习汉语的人数已达 110 万；韩国在与我国建交后，学习汉语的人数猛增，开设中文系或中文专业的大学有 130 所。值得一提的是，越南、菲律宾、泰国、印度尼西亚、马来西亚等国由于各种原因多年中断或低落的汉语教学开始得到恢复并逐步发展。此外，海外华人主要为其子女开办的各级中文学校也有很大的发展。

　　21世纪，汉语教学在世界范围内得到了更进一步的发展，教学规模进一步扩大，学生数量进一步增长。在俄罗斯，汉语学习热度不断增加，范围开始由与中国邻近地区向圣彼得堡、莫斯科等城市扩展，这不仅源于俄罗斯与中国的互动日益频繁，更是因为越来越多的人意识到了汉语的魅力及重要性。2016年，南非基础教育部部长安吉·莫采卡表示，南非4个省的15所学校自当年1月开始正式引进汉语教学，未来5年内，南非政府计划在500所学校引进汉语教学，让更多南非人有机会学习汉语。2016年，新加坡首届《国际汉语教师证书》颁发仪式暨分享会举行，中国国家汉办考试处处长段莉受邀出席会议，并为本次获证的近三十位本土教师颁发证书。随着中外交流的日益密切，芬兰有中文学习需求的人越来越多。近年来，芬兰中小学对汉语教学的重视程度也有所增加。芬兰教育委员会将汉语正式列入了2016年高中外语教学大纲，这是芬兰首次将汉语正式列入高中教学大纲。根据新大纲，中文被正式设置为高中的B3语言教学方案。中文课堂将教授拼音、简体汉字和基本表述等初级汉语知识，并介绍中国文化，如中国人的日常生活、历史和传统节日等。在南非将汉语教学纳入教育体系之后，赞比亚、毛里求斯、喀麦隆、坦桑尼亚等国家也开始了类似的实践，开设了多所为汉语教学而办的小学，在非洲大陆掀起了学习汉语的热潮。近年来，汉考国际与美国西肯塔基孔子学院、西肯塔基教育学院启动中美教师资格证互认项目，共同探讨《国际汉语教师证书》在美国的受认可性，并力图开辟一种新的美国教师资格证获取方式。目前，该项目已完成对前往美国西肯塔基孔子学院的部分持《国际汉语教师证书》的中国教师的评估，这些教师同时获得了美国西肯州的教师资格证。接下来，项目将通过进一步的研究，获得更多的教师评估的数据，使《国际汉语教师证书》考试作为获得美国教师资格证筛选的有效手段得到更好的确认。

　　我们在看到世界汉语教学不断发展的同时，还应当对这一形势有冷静的分析。除了我国的近邻日本、韩国以外，在世界上绝大部分地区目前还谈不上所谓的"汉语热"，学习汉语的人数虽然增长得很快，但绝对数字根本无法与学习英、德、法等语言的人数相比。从拉美以及非洲国家来看，汉语教学才刚刚开始；从欧洲国家来看，汉语教学小规模地集中在德国、法国等国家；在美国，汉语与北欧语、日语、非洲语、东南亚语、葡语、朝鲜语、阿语一起被归类为非普遍教学语言，总人数只占到语言学习的1%，英语、法语、德语等仍是主要学习语言。虽然这是20世纪80年代末的统计数字，近年来汉语学习在美国也有所上升，但是总人数仍然没有太大变化。

（2）现代汉语的教学日益受到重视，但在很大程度上汉语教学仍附属于汉学，未能成为独立的学科。

在欧洲长期的教学实践中，汉语与汉学的分界一直处于不明显的状态中。对于欧洲国家而言，将汉学教学与汉语教学分开的历史并不是很久。20世纪50年代，由于实际交往的需要，欧洲的学者开始致力于现代汉语的教学及使用，学生实际运用汉语的能力以及用汉语解决实际问题的能力得到了重视，但这一现象并不普遍，整体的、正统的欧洲汉语教学仍然偏重对汉学的研究。随着交流的不断深入，欧洲学界开始逐渐重视语言教学的作用，并对教学侧重点进行了调整。除了传统的研究领域外，开始把审视的目光转向当代中国，现代汉语教学也因此而逐渐得到重视。欧洲新一代汉学家致力于推广现代汉语教学，各国新开设的中文专业强调培养学生运用汉语的能力，一些具有深厚研究汉学传统的老牌大学也增设了现代汉语课。尽管如此，很多欧美高等院校的轻语言重文学、轻技能训练重知识讲授的状况仍未出现根本性的变化。法国学者认为："汉学界对汉语教学的偏见依然存在，某些人认为学习语言是一种必经之路，甚至认为是一种负担，而汉学才是唯一的真正的终点，才是至高无上的学科。""汉语教学法这一专门学科并没有得到充分的认识，也没能在汉学范围里建立自己独立的体系。"

（3）中文的专业教育、学历教育有所发展，汉语教学出现向中小学发展的趋势。但总地看来，学生学习汉语的起点仍比较低，多数地区尚不能培养高级汉语人才。

世界汉语教学发展的一个新特点是教学层次有所提高。越来越多的国家正式将汉语列为教授科目之一，一些中亚国家甚至设立了本科学制的中文系专业，如毛里塔尼亚、巴基斯坦、突尼斯、埃及、土耳其等。在这些国家，汉语获得了仅次于英语的地位，硕士以及博士课程也在逐步开展。这些国家虽然不是传统开展汉语教育的国家，但是取得了很大的成就。另外，还出现了汉语教学低龄化的趋势。不少国家开始在中小学开设汉语教学课程，为大学开展更高层次的汉语教学打下了良好的基础。但与英、法等语言相比，汉语教学起点不高，仍处于劣势地位。大部分学习者仍把汉语作为选修科目，周课时很少（一般 1～2 学时），在教学方法上大都强调阅读，以教师讲解语法为主，缺少听说技能的训练，这样就很难培养出能运用汉语的人才。即使是汉语专业的学生，也由于入学时起点太低，课程设置中又强调文学与文化课程，一般只在一、二年级每周有几节真正的汉语课，进行一定的技能训练，三、四年级则把全部精力用于主要是通过母语或媒介语进行的"学术性"的中国文学或文化的教学。因而，在学习期间或毕业后若没有机会去使用汉语的地区进修，也很难培养出能真正运用汉语的高级人才。

综上可知，虽然当今世界范围内汉语作为第二语言的教学有了很大的发展，但是其现状仍不能与汉语作为世界上最大语种的地位、中国古老文明对世界的影响及 21 世纪中国在世界上所发挥的作用相匹配。在期望新世纪中国进一步繁荣昌盛会给汉语教学带来发展新动力的同时，不论中国对外汉语教学界还是世界汉语教学界的同仁，都需要把大力推广汉语教学、促进汉语教学的大发展作为当前的首要任务。

第二章　文化因素与话语生成理论

第一节　文化因素概述

母语的学习是一个人在特定的社会生存环境中，为认识和适应周围环境，对社会文化及有关道德规范进行的学习。

母语是个人与社会进行各种交流的载体。学习外语或第二语言的情况则完全不同，特别是近几十年来，往往是在脱离有关语言的社会文化背景的情况下孤立学习某种外语或第二语言。随着经济全球化的到来，国家与国家之间的交流日益频繁，外语的实际应用场所越来越多，越来越多的人投入外语学习的行列，因此外语教学存在的弊端日渐暴露。其他国家的人很难把握其所学第二语言的真正内涵，在实际应用的过程中也会被各种问题困扰。在这样的社会背景下，人们对在外语教学中增加文化内容的呼声逐渐强烈，这在一定程度上促进了外语教学界文化热现象的出现。

将文化内容注入外语教学的方法主要有以下两种：一是开设介绍国情或与其文化相关的课程；二是在语言教学过程中注入和语言密切相关的文化内容。以中国为例，前者的优势是可以将中国的历史文化全面地介绍给学生，且不要求教师一定要懂外语，师资方面不存在问题；其不足在于教学过程中教学内容与语言教学之间的连接性不够强，导致某些文化方面的内容不能被学生理解。

在语言教学过程中注入和语言密切相关的文化内容，优点是可以将和语言学习有关的文化问题一并解决，缺点是对教师有较高的要求。教师不但要精通外语，还需要具备很高的中外历史文化修养，因此师资队伍有限。但是，两种方法对比而言，后者的优势更为明显，原因是其将社会历史文化内容与语言教学紧密结合，可以在不增加课时的前提下，缓解文化差异所造成的学习困难。

在对外汉语教学中注入越来越多的文化内容逐渐成为一种趋势，但并不是所有的文化内容都和语言学习直接相关。因此，有必要探讨究竟哪些文化因素最有可能直接影响语言的学习和使用。

一、受特定的自然地理环境制约的词汇

这类词汇是与中国的地理环境密切相关，其他国家都不存在的词汇，如"梅雨""戈壁滩""梯田"等。下面以"梅雨"为例进行简单的说明。如果将"梅雨"简单地翻译为 plum rains，外国学生是完全不理解其真正内涵的；如果再进一步解释为"中国长江中下游地区每年于春末夏初梅子黄熟时节连续下的细雨"，外国学生也无法真正体会。在这种情况下，教师的进一步讲解格外重要。除此之外，如果与地理环境相关的词语出现在文学作品中，教师在讲解时就应加入与文化内涵相关的内容。还有，像"清明时节雨纷纷，路上行人欲断魂"这一类的诗句，没有一定的文化底蕴的人根本无法理解其真正的含义。因此，如果遇到这一类内容，教师在教学时有必要配合影像进行讲解。虽然这一类的内容都比较具体，但是如果不仔细讲解，学生就很容易造成错觉。

二、受特定的物质生活条件制约的词汇

受生产力发展条件的影响，一些与特定时期密切相关的词汇，如"馒头""堂屋""四合院""楼台亭阁""木樨肉""大褂""旗袍""炕""窑洞""板车"等，单纯地讲解根本行不通，教师最好辅助图片或者录像。且不说外国人，就中国人而言，不同地区的人们也不了解其他地区的事物，如南方人如果不是亲眼所见就不会了解"炕"是什么，华北地区的人们对"窑洞"也没有过多的认识。

三、受特定的社会和经济制度制约的词汇

在我国历史发展进程中，还存在一些与社会性质及经济制度密切相关的词汇，如"同志""干部""支书""衙内""农转非""下放""打假办""个体户""皮包公司"等。这些词汇大都与特定的社会时期或经济制度密切相关，教师在进行讲解时，如果不对相应的制度含义进行准确的解释，就无法使学生把握其内涵。另外，很多词汇在西方语言中根本不存在对应词汇，因此教师很难达到教学目的。例如，古代中国的科举制度将前三名分别赐予"状元""榜眼""探花"的荣誉，这三个词在西方语言里根本找不到对应的单词。在这种情况下，如果对词汇进行强行翻译，外国的学生就会陷入难以理解的怪圈。又如，《现代英汉词典》里将"户口"解释为"户籍"，并翻译为 registered permanent residence，虽然翻译成了英文，但

教师如果不对中国近几十年的户籍制度进行仔细讲解，外国的学生恐怕不能真正明白其内涵。所谓的仔细讲解并不是要求面面俱到，而是秉承适度原则，把必要问题讲解清楚，对于户籍问题只需讲解其在中国社会的重要性即可。对于中国历史而言，称谓是必须要进行仔细讲解的课题。无论是在文学作品中，还是电视节目中，人们在电视节目中都会接触到一些流传已久的社交称谓，如果对其没有仔细的研究便贸然使用，很有可能贻笑大方。因此，对外汉语教师要将一些通俗的称谓进行仔细的讲解。

四、受特定的精神文化生活制约的语汇

"克星""冲喜""虚岁""红娘""扫把星""霸道""王道""韬晦""阿Q""黄道吉日""鹊桥""居士""积德""做一天和尚撞一天钟""柳暗花明"等与人们日常精神文化生活密切相关的词汇与熟语，在社会生活和交流中占有很大比例，并且其文化内涵深厚，在外语中不存在意义完全对等的译词，所以对它们的解释必须与中国社会特有的精神文化生活紧密结合。例如，"冲喜"的含义就很难向外国学生进行讲解；在讲解"红娘"这个词汇时，必须先对其出处《西厢记》进行简单的介绍。很多情况下，一个成语往往与历史故事或某些文学作品密切相关，否则，就得不到准确的理解。

除了上面讲到的内容，在日常生活中还有很多与民族文化密切相关的普通词汇，如"松""狗""龟""竹""红""黄""龙"及"秋"等。"狗"在我国传统文化中指的是一种身份卑贱的动物，由其组成的成语也大都是贬义的；"龟"的含义因时代的变化而不断变化；在中国传统文化中，"龙"指的是一种腾云驾雾、能给人民带来福泽的神兽，与拥有超能力的西方的dragon意义截然不同。这些都证实了在语言讲解中加入附加意义讲解的重要性。

五、受特定的风俗习惯和社会心态制约的表达方式

在中国社会交往中，敬辞、谦辞、语言禁忌、礼貌用语、问候语等与风俗习惯或社会心态有关，因此同外国学生讲起来比较困难。例如，将汉语的"吃饭了没有"解释为"How are you?"是不确切的，这样会给学生造成困惑。因为在中国"吃饭了没有"是问候语，而国外的"How are you?"是礼貌语言。"吃饭了没有"是人们在日常生活中见面的问候语，其使用的情景与场合、时间等都有密切关系，而"How are you?"则体现了说话者对别人的尊重，表明了自己谦逊的姿态。又如，"谢谢"这个词在社会上的使用度很高，在中国，"谢谢"的使用范围与西方国家有明显差异。人们对理所当然的事不习惯表达自己的感谢之情，而且过于亲密的

人之间说谢谢，除了会让人难为情，也会拉远两者之间的关系。

语言习惯在很大程度上受特定认知方式的影响。例如，对某些事件的介绍会按照时间先后顺序进行。

以上五个方面是就对外汉语教学在注入文化因素过程中影响因素的总结，有待完善。

将文化因素注入对外汉语教学还需注意以下两点：第一，要考虑外国学生的母语与汉语之间存在的文化差异，并就其差异展开针对性的教学，即要做到具体问题具体分析；第二，将文化因素注入对外汉语教学，语言教学是主体，文化因素只是增加对外汉语教学成果的手段，切不可过分强调文化因素的重要性而失去原本的教学目的。

目前，将文化因素注入对外汉语教学是一个缓慢且复杂的过程，仍有很多问题未解决，需要人们不断探究。

第二节　交际文化因素与知识文化因素

如何正确处理语言与文化之间的关系是对外汉语教学亟待解决的难题。我国对外汉语教学领导小组办公室早已把语言与文化之间的关系作为重要研究课题之一，并在政策上积极鼓励相关工作人员进行探索。现代出版社出版的《汉语水平考试研究》还提出了"汉语考试中的'文化考试'"问题。

虽然人们对文化在对外汉语教学进程中的重要地位进行了肯定，但是对外汉语教学中语言与文化之间的关系问题仍然没有得到解决。人们可以借鉴国外的语言教学经验，如艾丽丝·奥玛久在《在语境中教语言——熟巧法》中指出，早在20世纪70年代初，美国就已经提出了将语言教学与文化真正结合起来的倡议，虽然现实中并没有实现两者的完美结合。就我国对外汉语教学而言，我们存在同样的问题。因为课时有限，在语言教学无法完成的情况下进行文化讲解是不可能的；在对外汉语教学的初级阶段，接触的词汇都比较简单，因此文化理解障碍的问题并不是很突出。但是，脱离一定的文化背景后，人们根本无法理解某些词汇的真正内涵。因此，本节针对文化因素在交际过程中产生的影响，谈谈对外汉语教学中文化因素的分类问题。

一、交际文化与知识文化的定义

以外语教学的实际情况为依据，对教学过程中存在的文化因素进行分类是一个非常复杂的问题。不少外语教学方面的专家就外语教学过程中存在的问题，提出了自己的见解。外语教学专家赵贤州认为，文化的分类方式有很多，既可以从文化的性质出发，又可以从文化的功能等方面着手，但无论以何种方式对文化进行区分，都忽视了文化本身就是一个复杂的社会现象这一现实，即对文化本身就存在交叉的事实没有清楚的认知。因此，将文化分为知识文化和交际文化两个方面是认可度较高的分法。

关于将文化分为知识文化和交际文化两个方面的文化分类方法，赵贤州在《文化差异与文化导入论略》中进行了详细的解说。他认为对文化进行如此分类的出发点是为语言教学提供便利。他将知识文化界定为对不同文化背景的人进行交际时不直接产生严重影响的文化知识，将交际文化界定为不同文化背景下的人进行交际时直接发生影响的言语中所蕴含的文化信息。

吕必松认为，交际文化是一个民族隐含在语言系统里的反映一个民族的价值观念、思维方式、是非标准、心理状态等的文化因素。这种文化因素是隐含着的，所以不易被察觉，只有在对语言和文化进行研究对比时才能发现其特征。

笔者对赵贤州和吕必松对交际文化与知识文化的阐释持肯定态度。任何一种语言都是以广泛的文化知识背景为基础的，因此语言教学与文化教学在语言学习过程中应当相辅相成。教师应该认识到文化知识的重要性，在教学过程中投入必要的时间介绍与语言相关的文化背景知识。

二、交际文化与知识文化的概念特征

由前文的叙述知道，不同的人对交际文化与知识文化的定义是不同的。下面针对语言教学中文化因素分类的特征，浅谈自己的见解。

人与人之间的交往（简称交际）是信息传递的过程，交际得以实现的载体有语言形式与非语言形式两种。无论是语言形式还是非语言形式，在交际中的具体内涵都与文化因素密切相关，即其内涵受文化因素的制约。在交际过程中，如果交际双方同属一个文化体系，那么文化因素在交际中的约束性便不会凸显。也就是说，生活在同一文化层面内的人，因为长期沉浸在一样的文化氛围里，文化因素的制约力被削弱了。这是普遍存在于母语交际中的现象。

在对外汉语教学过程中，汉语作为一种外国语言被教授，交际的具体情况与母语交际存在很大的差异。对外汉语教学主要体现的是双文化的交叉交际。学生在表达自己意愿时，往往借助母语及其文化的特色形式进行传递。人们在接受其他国家的语言时，也需要借助母语及其文化对外来的知识进行消化吸收。因此，在对外语言教学中，文化的交叉转换是不可避免的。文化的交叉转换是指人们在接触外来新鲜事物的时候，习惯借助已知的事物对其进行最基本的感知，并借助已知事物慢慢深化对其的了解，最终接受新事物。但这时的新事物已经不是原有的面貌了，它在该地区文化的熏陶和感染下，已经浸满了该地区文化的特色。在这种情况下，学习者在学习过程中所接受的信息和教学者用原来目的语所表达的信息是存在较大距离的。既带有地区文化的特色，又不与原来的文化信息完全相同，也不属于地区原有文化，这是对外语言教学过程中面临的普遍问题。

双文化交际理论是交际文化与知识文化概念的基础。以参与交际的文化因素在交际过程中所发挥的功能或意义为划分标准，其可分为文化交际因素和知识文化因素两个部分，其中前者是对交际起直接影响作用的。所谓直接影响作用，主要是指它会干扰信息传递的准确性，并引起理解上的偏差和误解。文化交叉现象与交际文化和知识文化之间是对立统一的关系，既相互依存，又相互区别。文化交叉现象揭示了外语教学与母语教学的根本区别，可以用来作为评价外语教学中某文化因素属性的客观依据。

需要特别说明的是，文化交叉现象并没有否定知识文化因素参与者的身份。知识文化因素与交际文化因素两者在双文化交际过程中的差异仅限于在信息传递的过程中产生的功效不同。假设将与交际有关的文化统称为交际文化因素，那么就预示着还存在与交际不相干的文化因素。但事实上，这种情况是不存在的。人们无法对文化因素参与交际的层次、场合、阶段和方式等进行具体的限定。例如，古代书籍中包含的文化因素至今活跃在人们的生活中，而书籍除了是作者本人思想的载体，也是当时文化的承载物，只是古代的人借助于书籍，而现代人除了借助书籍还会借助一些网络载体。知识文化在交际中往往以"知识"（或者文化内容）的形式加入交际的过程中。因此，知识文化因素是文化交叉现象中不可或缺的组成成分，是加深文化交际不可或缺的步骤。

除了文化交叉现象，交际文化与知识文化还具有对比性。

目的语以其文化传递出的信息，通过母语文化"筛选"后，一些因素发生了变化，一些因素维持不变，但这不是人们的主观意识决定的，需要通过对比才能发现。这种对比有"明比"和"暗比"两种形式。"明比"就是将目的语的文化因素与母语的文化因素进行一对一的比较，而"暗比"只对目的语的某个文化特征进行描述，并不写出与其进行比较的母语文化因素，但作者心中必须有个比较的对象，不然无法发现与交际文化有关的因素。教师如果对学生的母语一无所知，且对自己母语中的特殊文化因素习以为常，就不可能找到自己母语与学生母语之间存在的文化差异。

因此，"对比"是一种显现交际文化与知识文化之间差异的手段。通常情况下，交际文化指的是文化与文化之间的不同之处。但是，这种情况也不是绝对的。当文化差异失去其在交际中对信息准确性的干扰作用时，也就丧失了交际文化的身份，其便拥有了知识文化因素的内涵。因此，以差异性的有无对文化因素进行简单的划分意义不大，而应从其在交际中的功能角度来处理。

综上所述，人们提出交际文化与知识文化概念的初心在于推进对外语言教学工作的顺利进行，在于消除学习中的文化障碍，其他的任何曲解都是错误的。

三、交际文化与知识文化的新界说

虽然已经有人以对外汉语教学的实际情况为依据，对交际文化和知识文化的定义作了准确、清晰的界定，但是忽略了非语言的交际行为和现象。

语言是交际最重要的载体，但其形式并非仅局限于语言，还存在非语言形式。以美国跨文化研究专家迪纳·R.莱万用过的例子进行说明。

一位年轻的女子从窗口看见了一个与她熟知但文化背景不同的男子。男子看见该女子从窗口看他，便将嘴唇噘起，向她努嘴。他的意思是"我看见你了"。而在该女子的母语文化体系中，男人向女人努嘴的行为属于调情，是很不尊重的行为，因此该女子对这个男子心生厌恶，以后再未理睬过。

男子向女子努嘴的非语言行为属于交际文化因素。这种因文化背景不同而造成误解的情况数不胜数。

大多数时候，进行语言交际时，常伴随各种非语言行为，如有人到家里做客，主人在口头上说让客人吃东西的时候，一般会伴随递筷子给客人的动作，这个递筷子的动作就属于非语言行为。但因文化背景之间存在的差异，主人还需注意递筷子是用左手还是右手。

非语言交际行为传递信息的载体并不一定是动作，还可以是语言形式。例如，在听别人讲故事时，经常会听到"×××点点头""×××摇摇头"（表示同意或不同意）的表述。在中国人看来，点头是同意，摇头是不同意。但如果读者或者听者是保加利亚人，就可能做出与我们相反的解读。

上面非语言交际行为的例子是为了说明外语学习者除了要懂得语言中交际文化因素，也需懂得直接影响交际的蕴含在非语言行为和现象中的文化因素。

四、交际文化与知识文化的关系

交际文化与知识文化是相互区别的两个概念，本节对两者之间的交叉性和对比性进行了仔细讲解。人们可以清楚地了解到在学习一门外语时，其中所包含的文化因素会受到母语文化的影响。就姓名的排序而言，中国与日本的排序是一样的，都是姓氏在前，名字在后。姓氏这一文化因素对学习中文的日本学生来讲就属于知识文化的范畴，而不归属于交际文化，主要是由于在理解时不会产生误解。但是，在英文的名字表述里习惯名字在前，姓氏在后，因此如果不提前进行文化教育，很容易造成误解。很多年前，当时的中国外交部部长黄华去国外访问时，该国的报纸在报道该访问消息的时候称黄华先生为华先生，这是由于交际文化差异所造成的失误。直到现在，这种现象也不能完全避免。由此可见，人们对目的语的学习受学习者母语文化的影响。

交际文化与知识文化在实际应用中是相辅相成的，因此教学中，应将交际文化和知识文化结合起来运用，要认识到两者并不是绝对的对立关系。

在现实交际过程中，人们发现某些知识文化的属性并不是绝对的，在一定的条件下也会发生转变。一旦转换了交际的场所或时间，那么该知识文化因素所包含的信息就会发生拓展或变化，具备了之前没有的新内涵。所谓新内涵，指的是学生当前已经掌握的内涵与其母语文化并不完全吻合。有时就会因为人们对文化理解的不同造成交际障碍，引起误会。在这种情况下，知识文化的属性就已经发生了转变，属于交际文化的范畴。例如，"长城"一词，人们最先向外国人介绍时，告诉其英语翻译为"the Great Wall"。虽然国外并没有可以与长城匹敌的建筑，但是从英语单词的翻译中，学生可以大概悟出长城的含义，在理解上不会产生很大的偏差。然而，在对外汉语教学的中高级阶段，可能会接触到毛泽东说过的"毁我长城"这句话。在这里，"长城"的含义并不是古代建筑长城的代称，而是指"中国人民解放军"。因此，一个词语或句子的属性并不是固定不变的，一旦其应用的条件发生变化，其属性也可能发生转变。

知识文化与交际文化因素在一定的条件下可以发生转换。除此之外，两者在语言教学中对学生语言能力的培养有着至关重要的作用，因为两者在交际中几乎是同时参与的。在当前的对外汉语教材中，文化因素大多属于知识文化的范畴，如中国的朝代、丝绸、河流、建筑、四大发明等。在《话说中国》这本专门为外国学生编写的语言教材中，知识文化所占的比重较大。除此之外，还有很多介绍中国文化的书籍和读物。其载体不论是汉语还是外语，目的都是提高学生的知识文化底蕴。不论是对外汉语教学还是国外的外语教学，其发展模式都是一样的。从事外语教学的工作人员都十分清楚，丰富的文化知识底蕴有利于提高学生阅读能力，同时有助于学生听力的提高。因此，在语言教学中，知识文化与交际文化的地位同等重要。

有些人认为，将对外汉语教学中的文化因素按照知识文化与交际文化的概念进行划分会导致文化因素类属的不稳定性。但笔者认为，语言在很大程度上受语境的影响。语言中所包含的文化因素存在随语境的变化而改变其原有属性的可能性。此外，如果以针对性原则为依据进行教材编写和对外汉语教学，文化的对比对象应是目的语与母语文化，不应有第三种文化参与。在进行文化对比时，文化因素的属性大都是稳定的。因此，用这种方法对文化因素进行分类还是比较客观的。

根据上面提到的观点，人们有理由认为，在对外汉语教学中就其文化因素拟制类似的语法和词汇大纲是可行的。理由主要有以下两点：第一，语言教学的文化大纲不仅有交际文化因素，还蕴含着知识文化因素。第二，在对外汉语教学的初级阶段，交际文化所占的比重较大。随着水平的提高，学生对知识文化的需求会逐渐增多，但交际文化自始至终是存在的。因此，自始至终侧重交际文化因素是对外汉语教学文化大纲的特征。

五、交际文化因素分布

交际的达成依赖语言与非语言行为现象。语言是文化的媒介，同时受文化的约束。非语言的交际行为既受其使用者文化的约束，又是其文化的载体。从这个角度分析，假如用最系统的语言表达交际文化元素的分布，那就是：交际文化元素分布在语言和非语言行为现象两大范围内。对于更详细的分布情况，目前还未形成一致的看法。交际文化被赵贤州在《文化差异和文化导入论略》一文中划分为十二个方面：①鉴于社会文化背景方面存在的差异，导致词语无法对译；②鉴于社会文化背景方面存在的差异，导致词语在理解层面上存在某些差别；③鉴于社会文化背景方面存在的差异，导致词语具有特定的使用场合；④鉴于社会文化背景方面存在的差异，导致词语的褒贬含义不同；⑤鉴于社会文化背景方面存在的差异，导致潜在的观念方面存在不同；⑥鉴于社会文化背景方面存在的差异，导致语言信息的不同；⑦有特殊文化背景意义的词语；⑧与民族特殊文化传统信息相关的词语；⑨与习俗密切相关的文化信息；⑩名言名句、成语典故等；⑪鉴于社会文化背景方面存在的差异，导致语言结构上的不同；⑫由价值观念、心理因素、社会习俗等因素所造成的文化之间的差异。刘英林在《汉语水平等级标准和语法等级大纲》中提出有关语言文化概念的内涵：第一，始于民族文化密切相关的语言文化知识；第二，语感文化；第三，语境文化。他们的论述，对后人进一步探索交际文化因素的分布很有帮助。但遗憾的是，他们并没有明确非语言的交际行为和现象在交际文化分布中所占的地位。根据对外汉语教学的阶段，交际文化因素的具体分布情况如何？初级阶段的跨文化理解问题是否仍然突出？答案是否定的。下面以初级阶段的打招呼为例进行简单的说明。美国人习惯见面的时候说"Hi"（嗨），不管与被打招呼的人是否认识。中国人一般不与陌生人主动打招呼，否则会出现认错了人的尴尬，而对于熟悉的人除了问"你好"，习惯说"吃饭了吗""到哪儿去""干什么去"等。中国人见面打招呼的语言对于英国人和美国人来说并不算问候语，而属于真实的问题范畴。在语言或者非语言交际行为中，这种与日常生活及风俗密切相关的问题大都出现在对外汉语教学的初级阶段。在对外汉语教学的初级阶段，跨文化理解问题不是不突出，而是存在这种问题困扰的人大都把"文化"理解为"大文化"。因此，在对外汉语教学中，一定要做到语言教学与文化教学同步进行，否则必然产生语言和文化脱节。正如美国外语教学专家温斯顿·布瑞姆拜克所说："采取只知其语言不懂其文化的教法，是培养语言流利的大傻瓜的最好办法。"正因为直接影响交际的交际文化因素在初级阶段不仅存在，而且是首次出现，所以在初级阶段教学中，一开始就要发掘它，抓住它。

是否在对外汉语教学的中、高级阶段不存在交际文化因素呢？当然不是。许多交际文化因素已在初级阶段表达过或学习过，到了中、高级阶段，它们已经不是交际阻碍了。交际文化因素的载体随着学生语言水准的提高已产生了新的变化。初级阶段交际文化因素大致反映在相关生活风俗范畴。交际文化因素到了中、高级阶段就转变成具备深厚文化色调的主题词，详细地在成语典故、警句格言、新词语、习语、隐喻、简称、缩略语等层面表现出来，甚至表现在中国文化所具备的某些奇特审美理念上。例如，介绍中国诗歌时，必然会碰到某些咏物诗。竹、兰、梅、菊、柳、牡丹等植物，以及龙、虎、鹤、凤等动物均是中国诗词中主要的传颂对象。毛泽东赞美劲松"暮色苍茫看劲松，乱云飞渡仍从容"的诗词，几乎人尽皆知。然而，因为不一样的文化环境，在某些西方人看来，中国诗人花费许多时间和笔墨歌颂某些花木、动物，让人难以理解。他们觉得这些花木、动物没有任何含义。意大利人觉得菊花是丧事之花，是不吉祥的。龙是美国人厌恶的动物，如果不打破原本文化理念的约束，他们很难理解和鉴赏我国称赞龙的诗词。

因此，交际文化因素和知识文化因素无论在对外汉语教学的初级阶段，还是在中、高级阶段，都一直留存于语言中。对外汉语教学一定要一如既往地把教授文化贯穿于语言教学中，并且把交际文化作为侧重点。

六、重点应在现代"共时"文化上

人们对第二种语言的研究有横、纵两个不同方面。从横的方面研究，我们要找到该语言在某个横切面（阶段）的特色，这在语言学上称作"共时"研究；从纵的方面研究，我们要找到该语言进展转变的阶段及其规则，这在语言学上称作"历时"研究。笔者认为，研究文化因素和研究语言一样，存在"共时"和"历时"

两个层面。这里，我们借用"共时"这个术语来指"现代鲜活的文化现象"。进行交际是语言教学的目标，特别是在初级阶段。整个教学过程是培训学生领悟目的语（及其文化）这个交际工具的过程，而不是讲语言及其对应的文化史的过程。现代的语言即当代使用的普通话是对外汉语教学所说的语言。语言教学中所触及的文化因素，一定要和这种汉语密切融合。否则，一方面教授古代传统文化，另一方面讲现代汉语，两者不沾边，自然无法解决语言教学中存在的文化问题。例如，记述中国妇女状况时，长篇大论描述"裹小脚"；推荐中国实用礼节时，聊磕头、作揖，而对现代状况不提或只提一点，那就错了。

语言文化教学和语言文化研究并不一样。作为语言文化研究，"共时、历时"都应花时间研究。作为语言文化教学，教师要给学生讲那些不教授就妨碍交流或和时下生活联系最紧密的部分。在对外汉语教学的初、中级阶段，学生要想和中国人交流，当然要运用当代汉语而不可能用古汉语，并且是最普遍的、最规范的汉语。这时触碰的文化，当然是当代的最多。不可否认，某些词汇也许和早已过去的历史状况相关，然而不管怎样，它一定是现代汉语中的成语典故或常用词。鲁健骥先生有两段话讲得很好，值得参考。他说："有些文化现象是有时间性的，因此对文化的介绍也应随着时间的推移做相应的调整。在一些西方人头脑中，当代的中国人还是清朝时人的形象，就是由于忽视文化现象的时间性得出的错误印象。""处于改革开放中的中国，新的文化现象不断涌现，这就需要语言教师善于观察，随时总结。"因此，我们不可以把研究与教学混淆，这里所说的是对外汉语教学。我们一定要在有限的课堂语言教学时间内，把重点放在现代的"共时"文化上。

七、教授交际文化因素的几种形式

在进行对外汉语教学的教材编写和授课时，对于如何体现文化因素，人们还没有确定方法。虽有个别人进行试验，但仍鲜为人知。这种情况的形成是必然的。原因很简单：①迄今为止，人们仍没有统一文化因素分类的意见。在对外汉语教学中的情况也是如此。②虽然大众都认同把交际文化因素作为对外汉语教学的重点，特别是在初步阶段，可究竟交际文化因素反映在哪里，却没有清晰的认识。像汉语语法、词汇大纲那样明确具体的文化提纲还未出版。因此，立刻准备一个完善的交流文化因素教育计划是不现实的。鉴于这种情况，笔者从使用何种媒介语进行阐述。

（一）用学生母语

交际文化因素在初级阶段表现得非常显著。将汉语作为第二语言来学习的人普遍汉语水平不高，直接用汉语进行教学会使教学效果大打折扣。依据往常的某些经验，由于学生汉语水平不高，教师用目的语介绍交际文化是行不通的。那么，提升学生汉语水平后再介绍可以吗？可以。然而，又会出现新的问题：如果学生想达到能听懂用目的语介绍交际文化因素的水平，那么恐怕只练习一年是做不到的。假如真那么做，就相当于最开始一年不给学生介绍交际文化，只讲语言。事实上，这就是在初级阶段出现的语言和文化脱节。如果教师在初级阶段不介绍交际文化，学生在交流时就一定会遇到文化障碍。等到语言水平达到一定程度时，教师再给学生讲授交际文化因素，学生就不会有兴趣了。他们会觉得这是在给他们"炒剩饭"。

假如有条件，教师在初级阶段最好用学生母语介绍交际文化因素。介绍的办法有许多，如注释法、辅助阅读法和讲座法。这里所指的讲座法，就是把交际文化因素进行归类，分专题，用学生母语介绍给学生。学生通过母语了解了某些交际文化因素后，再通过语言课来体会、印证、运用。所谓注释法，就是采用目前对外汉语教材中注释语法点的办法来注释语言课文中出现的某些交际文化因素。学生在课前、课上或课后都可以学习。现行的课本就可以采用此法把交际文化知识加进去。所谓辅助阅读法，就是把用学生母语写的有关交际文化的书籍或材料先发给学生，作为学生的文化辅助读物。教师根据语言课上涉及的文化因素，以作业形式让学生在课前或课后阅读。采用这种办法，可在没有外语教师的情况下，结合语言课，较系统地介绍交际文化知识。

（二）兼用学生母语和目的语

教学中，教师最初运用学生母语。但随着学生汉语水平的提高，教师必须引导学生逐步增加使用汉语学习和研究的概率，减少对母语的依赖，将汉语置于核心地位，从而实现教学目标，提高学生的汉语学习水平。

编写此类教材难度较大。但是，学生通过读此类教材，既能获取交际文化知识，又可以复习、稳固、使用学过的语言教材。

（三）用学生目的语（汉语）

对于前两种模式，教师通常是在有语言课本的前提下进行交际文化的教学。在初级阶段，无法实现全部用汉语给学生教授文化知识，或编写教材。这里所说的用汉语介绍交际文化，即运用汉语编写以介绍交际文化为主的语言教材，在语言教材中蕴含重要交际文化因素。

第三节　交际文化因素的存在形式

一、视角的转移

自 1925 年美国语言学会成立，创刊《语言》季刊以来，美国语言学走上以布龙菲尔德为代表的着重语言结构的内向研究道路，割断了语言与社会的必然联系，只对语言进行结构性的静态研究（尤其是音系的描写），对语言在社会中所起的作用、语义以及渗透在语言之中的民族文化特质却置于不顾。

继布龙菲尔德之后，20 世纪 50 年代末至 60 年代初崭露锋芒而今天仍在美国有影响的乔姆斯基提出了转换生成语法。就其根本而言，仍然是"与世隔绝"的，在这点上，甚至走得比传统结构派还远。

毋庸置疑，语言内向研究是功不可没的，他们对语言的静态研究所取得的前所未有的严谨、精确的具体成果，仍然对我们的语言研究起着重大作用。但主观地把语言"与世隔绝"是不符合语言实际的，在理论上是偏颇的，必然导致人们对不少语言现象无法解释。

在此理论的指导下，在很长一段时间内，美国外语教学进入了一个误区，把注意力主要放在对语言结构的教授上，对直接影响语言的社会及文化怎样改变语言的组成、解释和描述没有给予应有的重视。他们对文化的理解依旧局限于艺术、历史、地理等。1970 年，奥斯华尔特提出大小文化界限后（小文化即普通的社会习俗、人们的生活形式；大文化涵盖文学、历史、哲学、政治等），外语教学才脱离文化只限于"艺术、文学、历史、地理"，"只局限在学术上有天才的杰出人物身上"的传统观念，把注意力转到"时刻都与多数人生活有关的文化内容"上。这一分法是人类文化学的分法，被外语教学界所接受、应用，使外语教学更贴近社会现实。

随着听说法的应用和普及，小文化内容在外语教学中占了统治地位。这种状况一直延续至今。正因为外语教学工作者接受了大小文化的概念，才使外语教学走出"象牙塔"。这是一个质的飞跃。

但是，语言运用者在使用语言时要始终保持文化界限意识，而不是生硬地直译，从而产生不必要的文化误会。如果人们意识不到这一点，那么语言不仅不能成为跨文化交际的桥梁，反而会在交际过程中形成阻碍。

有时候，语法正确不一定代表这句话符合语言的文化背景。例如，一个中国人向一个英国人用"Have you had your lunch?"（吃午饭了吗）表示问候。这句英文语法正确，无论是说话者还是其他中国听者都觉得这属于日常生活范畴的小文化。然而，英国听者并不会把它当成问候语，而会误认为说话人要请他吃午饭。这次交际活动没能成功，正是因为缺乏对目的语言中隐含的不同于本族语文化功能的了解。

大小文化理念在外语教学中的准则在初、中级阶段仍需要遵守，这是为了让学生所学的内容与生活实际更相符，更具备运用价值。然而，从跨文化的外语教学角度来说，从排除交际障碍来考虑，从语言因素自身来考虑，单单从语言作为工具所要描述的内容上区分外语教学中的文化因素是不够的、外在的，一定要实行进一步考察。人们对语言的研究绝对不能与文化研究割裂开，要注重文化差异对语言学习的影响，把注意力放在容易引起矛盾的点上，加强教学的针对性。我们一旦抓住了容易引起矛盾的文化因素，也就掌握了跨文化交际的精髓，这样才能使语言研究在交际层面上发挥更大的作用。

对于此类情况，在20世纪70年代末80年代初，我国许多对外汉语教学工作者结合我国状况，并参照国外经验，最先把科研方向转向排除跨文化交际障碍所遇到的语言中内含的文化因素上。交际文化和知识文化是语言教学中的文化背景知识。交际文化使在两种不同文化环境熏染下的人，因为缺失有关某词、某句的文化背景知识在交际时产生误解。这类直接影响交际的文化知识，我们可以称作"交际文化"。1989年，赵贤州不但最先撰文对这一说法表示支持，而且提出了十二项揭示交际文化因素的详细范畴。同年，吕必松在其专著《对外汉语教学发展概要》中，在接受"交际文化"这一术语的前提下，给交际文化下了新的定义："所谓'交际文化'，我们也可以理解为隐含在语言系统中反映一个民族的价值观念、是非标准、社会习俗、心理状态、思维方式等跟语言理论和语言使用密切相关的一种特殊的文化因素。这种文化因素因为是隐含的，所以本族人往往'习焉不察'，只有通过不同语言和文化的对比研究才能发现其特征并揭示出不同民族文化的差异规律。"

卞觉非在《语言、文化跟文化的揭示与导入》中提到，"从语言交际的角度，人们在交际过程中常常会涉及两种文化因素：交际文化和知识文化"。吕必松在《对外汉语教学的理论研究问题刍议》（征求意见稿）（1991）中进一步指出："研究这种'交际文化'的理论可以叫作'交际文化理论'，又可以称为'交际文化'。"这完全是由于文化因素与语言因素有着十分密切的关系，因而不得不关注的原因。如今，对外汉语教学领域对交际文化理论大致形成了三个方面的共同认识。首先，语言不仅是用于人际交往的工具，还是文化的重要组成部分。语言的形式本身就包含着文化的要素。语言与文化之间的关系十分紧密。其次，要明确区分语言所蕴含的文化要素与语言在现实的使用中表达的有关于文化的内容之间的不同，两者虽有联系但绝不能一概而论。再次，对外汉语教学属于外语教学，与母语教学不同。因此，在教学过程中，教师应侧重传授学习者跨越两国文化差异的技能，以排除交际障碍。以上三方面共识充分体现了对外汉语教学领域的专家对本学科认识的不断提高，只有将教学科研重点放在如何跨越文化差异上，才能改变传统对外汉语教学过程中存在的母语教学倾向。通过国家汉办和全国对外汉语教学学会的精心指导，我国对外汉语教学领域的专家学者取得了不俗的成绩。

二、对比与综合

张占一、毕继万认为，要想正确理解交际文化就要用综合的思维方式理解问题，而不是单单站在一个国家或者一个语言的角度，否则无法理解跨文化所带来的改变和所产生的误会。人们如果想正确理解跨文化所带来的差异，就要在对比中找到不同。吕必松也认为，跨文化因素对交际产生了制约，但是本族人因为语言相通所以不会察觉，这种制约作用只有在不同文化的交际和对比之中才能体会到。这种研究文化的理论叫作"比较文化理论"。卞觉非曾指出，对文化的理解要通过对比的方法，这种对比分为纵向与横向两个方面。纵向是要对比历史，了解古今所发生的事；横向是与外国对比，了解民族文化的特点所在。

中国对外汉语教学界对采用对比的手法揭示交际文化因素的看法基本一致。但是，各位专家和学者在比较的内容以及如何进行比较的问题上既有共识又有分歧。其中，达成共识的有以下几点：①主要是共时对比。尽管卞觉非在其著述中提到了纵向历史，但纵向历史的比较是为解释现实而设置的。②主体文化对比。比较的两方都必须是主体文化，既不能用主体文化与亚文化比较，也不能在亚文化内部进行比较，因为对外汉语教学中的词汇是在正常交际中经常用到的词汇，这些词汇是社会上无论哪个阶层、哪个行业的人群都会使用的。然而，有些词汇虽然历史十分悠久，但是因为现代人不常使用，所以对绝大部分现代人来说是十分稀奇的，与仅出现在历史作品中的词语不尽相同。本论述与许德楠所著的《实用词汇学》中的观点一致。

分歧之处主要在于文化间的比较是否应该进行一对一比较。《试议交际文化和知识文化》一文提出：只有通过对比，才能发现。这种对比一般有两种形式：一种是明比，就是将所学外语的文化因素与母语的文化因素逐一比较；另一种是暗比，通过描述所学外语文化因素的特征，体现两者之间的差异，而不写出与之相比较的母语的文化因素。在描述时，作者的脑海中必须存在比较对象。对外汉语教学界的一些专家学者并不赞同该观点，他们认为理论上一对一的将汉语文化因素与其他语言文化因素进行比较是大有裨益的，但在实际的教学过程中很难实施。究其原因，在实际教学过程中，一个班级里的学生来自不同国家，并非单一语种，因此很难做到一对一比较。此外，我们还要明白教学和科研的区别。汉语文化与外语文化的一对一比较属于科研的范畴。其实就教学而言，人们也应该看到，同操一种母语（虽然从变体角度来看，也可能有些差异）的班（尤其是日本学生或朝鲜学生）在我国还是有的。如果我们再进一步把目光移到国外，对外汉语课堂上的学生恐怕"纯一色"的居多。随着改革开放步伐的加快，我们今天考虑、研究对外汉语教学中的问题，似乎更应该尽量"外向型"。再有，虽然留学生学习汉语目前主要采取课堂形式，但也可通过其他学习方式解决这个问题，如课下形式。各种不同文化背景的学生可以在课下去看一些辅助材料，这样，课上教师只用汉语介绍就行了，不会造成学生课上理解的混乱。就如同语法对比一样，法文或英文与中文相比，它们的内容有不少是不一样的，这种比较成果对他们各自都更具有针对性，其教学效果会更好。人们并没有因为他们可能编在同一个班，就否定"一对一"语法对比的价值。同样，对待语言（或非语言）中文化因素在跨文化中的对比，也可以同样处理。

换一种角度思考，不采用一对一比较的方式，同时将两种及以上数量的语言进行相互比较。那么，应该如何进行呢？肯定是先逐个对比，再将结果进行综合分析，那么就不能称之为同时比较。事实上，两种及以上的语言同时进行比较是不现实的。基于这样的现实考虑，笔者认为在外语与汉语的文化比较研究中如果没有一对一比较，就相当于没有比较。

真正合理且有价值的比较就是一对一的比较，就是比较学生的母语文化和汉语文化，将其中的文化差异（主要是影响日常社交的部分）找出来，进而避免交际误会和冲突。

人们若是将一对一的对比运用到教学中，那么存在于文化中的某些因素的不稳定性又该如何看待呢？

社会交往中的双方是交际的主体。假定这样一个场景：A 的母语为汉语，B 的母语为英语。当 A 和 B 进行社会交际时，他们在交际过程中发生误会是因为双方各自母语文化中某一因素的不同。若 C 的母语为日语，同样来自亚洲，那么 A 和 C 在交际中就不存在误解，因为他们的文化因素是相同的。因此，同样的一个因素在一些人的交际中可以称为交际文化因素，在另外一些人的交际中就不能称为交际文化因素。这在语言里是顺理成章的，因为"语言是受语境影响的。作为附着在其载体上（即语言或非语言形式）的文化因素自然难免因语境改变而改变原来属性的可能性"。但客观地讲，文化因素的属性大体上是稳定的，极少出现改变的情况。

在正常的文化交际中，汉语文化因素不是一成不变的，但是如何确定哪些才最能够代表汉语文化呢？这又是一个问题。事实上，我们没有必要这么做。对外汉语教学是面向国际的教育，我们需要用动态的眼光，不仅要分不同的国家地区，还要区分不同的年龄段。针对不同的对象，满足不同国家、不同年龄段人们的需求。

当然，我们在制定交际文化大纲时，在"一对一"对比研究的基础上应做些综合工作。假设，汉英比较后发现有 100 点文化项目属交际文化；汉法之间有 105点；汉日之间有 80 点；汉阿之间有 110 点。这之中，可能有 80 点是重合的。我们就以数目最多的汉阿 110 点作为综合基点，然后把汉阿之中并没包括的其他语言与汉语比较时所发现的某些差异点（假如为 5 点）综合进去，那么综合后的总数 115 点作为"交际文化大纲"的项目。这就意味着，只要是汉语与几种语言中的某一种进行比较时，某文化点属于交际文化因素，就综合到交际文化范畴之内。

三、交际文化因素和知识文化因素并不相悖

每当谈及交际文化的时候，人们都会站在跨文化交际的立场上看待某一文化因素在实际社会交际中发生的作用。社会交际中的文化因素先要参与交际，然后给其加一个定语，即必须是"跨文化"，这样才能体现它在交际中的作用。如同将两种语言的语法进行比较，研究主题是两者之间的不同点，但并不是要摒弃两者的相同之处。不同之处正是导致留学生在社会生活中使用汉语时产生误会和错误的原因。显而易见，没有人会因为重视差异而摒弃两个事物的相同之处。

欲清除实际社会交际中的跨文化交际障碍，我们就必须找到实际交往中的交际文化因素。这个研究核心的提出在我国对外汉语教学研究领域中还未超过十年。因此，在汉语交际中还没有真正产生和社交有直接关系的文化因素。人们要想获得较强的跨文化语言交际能力，就必须对蕴藏在其背后的文化因素有大体的了解。如果不去探究语言背后的文化因素，就无法得到较高的跨文化语言交际能力。排除汉语中存在的文化因素如同扫雷，人们要将每一个"雷"找到并标记，使非汉语母语者在使用汉语进行语言交际时不会犯错。语言说到底是人类用于正常交流的一种工具，语言所表达的文化属于使用这个语言的民族和国家所独有的文化。知识文化和交际文化不是对立的，原因有以下三点。

（1）当交际的双方（可以是人和人，也可以是人和文化信息媒体）处于同一文化背景，运用相同的语言进行交流时，其目的是传递或接受信息。不言而喻，留学生学习汉语的目的是进行有效的交际。交际行为（可以是使用语言的，也可

以是不使用语言的）中一定包含着有关文化的信息，也可称为文化内容。知识性文化是指一般在交际行为中不会产生误会和矛盾的文化。在社交过程中，交际双方都依照一定的文化规则。这种规则是关于所运用的语言或非语言性工具的。需要注意的是，这些规则由使用该语言的所有人共有，且不需要特定的学习得来，而是自然习得的。这很容易理解，人们日常使用汉语时不会注意汉语中的语法，即使不完全懂得汉语的语法，也可以熟练地使用汉语进行交际。虽然人们没有意识到汉语语法的存在，但是潜意识里都遵循着汉语语法进行交际。此即文化规约。这种规则和约束是客观存在的，所有使用本语言的人都会遵循，同时自然习得。因此，处在同样文化及语言背景中的交际双方在交际过程中并不需要时刻展示它们，只需要在实际交际行为中注意主体所要表达的文化内容即可。

（2）在跨文化交际中，交际双方应该知道对方的文化，尊重对方的文化，即使不知道全部，也应该知道本民族和另一个民族文化的不同之处。只有这样，一方才能不触碰另一方的底线，才能保证整个交际过程顺利进行，不使对方产生误会。根据这种观点，我们把引起交际误解的规约性的文化差异称为交际文化因素。

（3）知识文化和交际文化因素对交际行为的影响方式是不同的。知识文化因素主要包括政治、经济、历史、艺术、自然科学等内容，交际文化因素主要指暗含在语言内的文化因素。如果一个人不了解前者还可以进行交际；如果不明白暗含在语言内的文化因素，就会影响其交际行为。知识文化因素很容易理解，而交际文化因素实际就是交际中的规则，这些规则没有具体的明文规定。人们在界定知识文化和交际文化时，不是根据运用语言进行交际时表达了怎样的内容，而是根据某一因素是否会在跨文化交际中产生误会而界定的。

第四节　话语生成和理解中的文化因素

在研究语言与文化的关系时，人们一般倾向从词汇、语法等角度出发，将语言与文化的发展联系起来，这无疑是十分重要的。但是，我们不应该忽略在对外汉语教学的实践中言语活动与文化的密切关系，而且从提升学生交际能力的角度出发，其作用更为直观。我们把话语看作语言形式与使用语言的社会文化环境紧密结合的产物，并用这种观点来观察隐藏在言语现象底层的文化因素的制约表现，探求它的制约特点和方式。

一、文化制约的表现

文化对言语的制约体现在话语生成、话语理解等不同的层面上，下面分析这种制约最显著、最普遍的形式。

（一）选择话语的语体

每个人在产生说话动机后，在表达所要传递的信息时，不仅要寻找准确的信息内容，还要选择一种符合情景、妥帖的话语形式。话语的得体性是语境制约语言使用功能的体现。文化作为一种语境因素在整体制约活动中显示了它不可或缺的作用。社会语言学研究社会交际中影响信息编码的常量变数，一般指这样两方面：①交际场合的正式程度；②交际双方的社会地位、年龄、教育程度以及双方的关系。这两个变量本身不能直接对信息编码产生影响，除非能把这两个变量投射到交际背景的文化项目上去取值。这种取值方式就像把文化比作一款软件，身份关系与场合性质作为单纯的数据是不能产生影响的，需要通过文化软件的编排和解码才能最终发出对交际产生影响的指令。换句话说，文化因素在整个交际过程中占据了主要地位。

文化对人们日常行为模式起着决定性作用，这一点早已被人类文化学者论证过。语言行为是人类一种主要的行为方式，自然受到文化的深刻影响，这体现在无论是说话者还是倾听者，在选择语言表达方式和接受外来语言信息时，都必须使自己所要表达的意思与当地的文化和语言结构相符合，而不是前言不搭后语，让人捉摸不透。不同的文化有不同的行为规范，也就有不同的语体选择准则。例如，崇尚自由与人格的西方文化强调个体，人人平等，而中国传统文化更加提倡尊老爱幼，因此在美国，人们经常会见到学生叫老师名字或者晚辈叫长辈名字的现象，但在中国这些都被视为不得体的。中国人在面对从外地来的生疏客人时，一般会倾向询问其来处，旅途是否顺利，询问其生活中的快乐或烦恼等。他们用这种方式拉近自己与对方的距离，表达自己的善意。在中国传统文化背景下，这种方式是得体的、礼貌的，而在西方人看来，这种问候方式则是令人不适的、涉及隐私的。由此不难看出，语言所隶属的文化价值观念是判断话语是否得体的一项重要依据。

（二）提供话语的预设

在分析语句的时候，人们会用到语用预设，不少语用预设由文化背景提供。例如，想要表达"你怎么能虐待老人呢"时，有三个条件是话语成立和有效的基本前提：

（1）有个受话人"你"正与说话人构成交际关系。

（2）这个"你"在说话人发出话语之前确有虐待老人的事实。

（3）社会上的多数人认为，儿孙应该赡养和孝顺老人，虐待老人是要受到舆论指责的。

在这三条语用预设中，（1）（2）由说话的情景语境提供，（3）是由交际双方共有的文化背景提供。受话人要拒绝指责，只能否定预设（2），而不能否定预设（3）。这说明由文化背景提供的语用预设不能质疑，因此它们是个体接受文化规范的"儒化"的结果，人们在语言交际中不知不觉地把这些知识作为语言表达的必然真实的前提条件。意识观念、民情习俗、礼仪礼规等可以充当语用预设的文化知识。下面举例说明。

（1）高克明："老三这孩子我最不放心，说不听，打不听，早晚必闯大祸。闯下了祸，祸及全家，看你这个做长兄的如何得了！"（曹禺改编的话剧《家》）

（2）（贾雨村）便携手笑道："原来还是故人。"因赏他坐了说话。这门子不敢坐，雨村笑道："你也算贫贱之交了。"（《红楼梦》四回）

（3）城里的舆论却不佳，他们多半不满足，以为枪毙并无杀头这般好看；而且那是怎样的一个可笑的死囚呵，游了那么久的街，竟没有唱一句戏：他们白跟一趟了。（鲁迅《阿Q正传》）

（4）高克明："哦，少奶奶究竟年纪太轻，还是孩子气重，一个做长嫂的……（忽然变做一种非常不满而又不愿再说的神气）唉，怎么可以想起来出去看什么文明戏呢？"（曹禺《家》）

例（1）的语用预设是爸爸死了，最年长的那个哥哥就要承担家族的重任，这就是我国封建社会时期的宗法制度留下来的规矩。例（2）是由中国封建社会奉行的礼规充当预设：在尊长面前要站立答话。例（3）的语用预设是一个死囚在临死之前也不输志气，依然唱着戏文，这反映了清朝末期的一种独特的风气。例（4）的语用预设是长嫂应该成为奉行礼教的表率，但是她却看文明戏，这在当时是不合礼仪的，这体现了传统观念对人的限制。

外国人学汉语要分析并掌握这种预设困难较大。

（三）构成特殊交际的套语和接应模式

虽然表现形式千差万别，但每个不同的民族语言都有其独特的交际套语。这些套语只在本民族内部通用，如果换到其他文化背景或文化族群中使用都可能是难以理解和接受的。这是因为形成民族交际套语的主要因素之一就是民族文化。虽然大多数情况下交际套语只是客气话，没有什么实际含义，但是它起到维持双方交际关系的作用。交际套语随着文化环境的迁移而千姿百态，看似没有逻辑性，但实际上都从本质上反映了一个民族共同的关注重点和社会实践中经常面对的诸多问题。当然在问题和事情的背后还有历史地理条件、民族传统积累、民族社会心理和社会生活习惯等多种因素，然而所有这些恰恰是文化统一体中深层次的内容。抓住这个实质，就很容易明白为什么中国人可以把"你吃饭了吗"和"你上哪儿去啊"作为日常生活中的一种问候方式。中国的传统社会是一个宗法制的小农社会，在以血缘关系为纽带的生活群落里，打交道的对象往往都是有亲缘关系的亲人或熟人，"吃饭""去哪里"正是人们生活中可以问候的、可以表达关心的事情。从这个角度理解中国人的交际套语，就不会显得匪夷所思了。也正是由于这种原因，反映一定范围社会生活的交际套语如果被使用到另一交际场合，就会显得不得体。在另一个交际范围里，人们关心的、经常见到的事情并不必然是这些。例如，在乡下的村头屋后，在城市居民点的街头巷尾，两个老邻居相遇，他们用"您吃饭了吗""您上哪儿呀"来问候，显得自然、亲切，如果这对老邻居在一个非常正规的会议上相遇，仍然使用上述套语来问候，就会与说话环境不协调。

另外，对一些交际话语的接应也反映了文化在交流中的制约作用。在对话中，交流双发各发表一次言论称为一个话轮，话轮与话轮之间一定要上下承接。话轮之间不只是一种逻辑接应，还受到民族文化心理和文化环境的影响。下面举例说明。

（1）A："你的发言太棒了，你如果投稿给报社，一定会轰动的。"

B："十分感谢您的夸奖。"

（2）A："明天有空到我家吃饭吧。"

B："太客气了，周末怎么好意思打扰你啊。"

（3）A："小王，恭喜你搬家。"

B："大家同喜，同喜。"

这几种组合是比较常见的，其回答也是比较固定的。例（1）中 A 对 B 进行了赞扬，B 则谦虚地接应，这就是中国人谦虚的作风。例（2）是邀请与客气推辞的接应，这是中国人一般委婉拒绝的作风。中国人习惯把别人对自己的邀请或祝贺看成是对方使自己获益，因此不能一下子接受，要客气几句，这是尊重对方的一种表现。因此，B 不是完全的拒绝，而是一步一步地接受，如果一次性接受会显得不客气。例（3）是贺喜和表示与对方一起享受的接应，同样是尊重对方的一种表示礼貌的方式。这些对话体现了中国人的语言习惯和民族性格。

（四）解释说话规则

设定这样一个场景，两个人以上的群体在说话，要想谈话顺利进行，就必须是一个人说完，另一个人再说，若两个人同时讲话，就会使对话混乱，无法进行下去。但是，各民族有不同的文化传统观念和习惯，所以谁可以先讲话，谁应该怎样接话，这些习惯都不一样。在汉语文化中，会话双方的关系是一个重要的影响因素。如果双方关系不平等，一方处高位，同时对话发生在比较正式的环境中，那么谈话的主动权一定是由强势且处于高位的一方掌握。这些文化潜意识虽没有明文规定，但是潜移默化地影响着汉语会话。

（五）参与确定话语的意义

话语意义有时受文化背景的影响。以话外音为例，这些说话内容的含义是在文化背景中形成的。话外音的概念是受到言语本身字面意思的启发，联想到言语本身意思以外的含义，这些含义靠语境推导。说话的人用间接的方式传递本意，受话人要通过二者所处的文化背景和场合推导出说话人话语的真实含义。想要推导出话外音，就要具备一定的文化知识储备，当然还需要其他的背景知识，下面举例说明。

（宝玉）见他脸上气色非往日可比，便笑道："怎么又动了气了呢？"袭人冷笑道："我那里敢动气呢？只是你从今别进这屋子了，横竖有人伏侍你，再不必来支使我……"（《红楼梦》廿一回）

在例子中，宝玉是袭人的主子，袭人是贾府的奴仆。在当时的社会环境中，等级制度森严，奴仆是绝不可能对主子发脾气的。根据这样无须言明的谈话规则，通过对话宝玉就能够推断出袭人的言外之意，即"我袭人不过就是一个奴仆"。由此可以看出，文化知识储备对正确理解谈话中的言外之意是多么重要。靠受话者通过一定的联想才能理解的话语含义通常都和所在的文化背景有紧密的关系。

二、文化制约的方式

（一）文化因素对语言交际过程产生影响

在运用语言进行交际的过程中，语言发出者话语生成的过程和语言接收者对话语进行理解的过程是不可互逆的。在整个过程中，文化因素通过不同的方式产生不同的影响。

（1）文化在一定程度上决定着人们组织话语和表达话语的方式。言语的文化指令是指本民族在长期的生活和发展中形成的民族性格，这种民族性格在一定程度上指导着人们的说话方式和行为方式，人们说话、做事都体现了民族性格。同样，语法也是一种规则，正因为有了语法，所以句子变成可以让人理解的句子。在文化规则下，话语的得体性使人们所说的话在不同的场合变得让人可以接受。如果说话人不遵循话语的文化规则，就会导致话语不适当、不妥帖，直接影响交际的效果。在运用语言进行交际的过程中，文化规则通过规范约束其所属群体的行为和思维方式。也就是说，文化使语言行为具有社会性和民族性。

（2）文化因素在一定范围内规定着受话者理解话语的方式。若想正确理解说话者要表达的内容，受话者必须具备一定的知识，其中包括文化因素。下面用集合论的思想解释话语的内容。

话语形式是一串串声音或文字的符号，由话语形式组成的集合可以视为 S，发出话语的背景可以记为一个集合 C。这两个集合之间存在着某种关系，即在 S 中的某元素 St 在 C 中有一个确定对应的元素 Ct（图 2-1）。文化对解释话语的过程有一定的限制作用，有的时候具有赋值的作用，使语句理解的结果带有本民族的色彩。

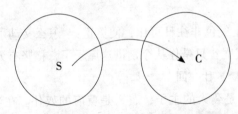

图 2-1　话语形式组成的集合 S 与汉语文化背景组成的集合 C

（3）文化使和一个话语相关的另一个话语具有了真假的意义。比如，一句话 C，Ct 是和它相关的延伸话语，只有 C 是真的，Ct 才能是真的，如果 C 是假的，Ct 就不可能是真的，这句话的存在就没有任何意义，并且如果说话人和聆听的人具有相同的文化背景，这种真假的相关性就可以被理解。如果他们处于不同的文化背景下，这种真假的相关性就十分难理解了。如果说话者和受话者文化背景和话语形式不同，受话者对话语的理解就比较困难，理解言外之意就更困难，因此文化背景对人们理解话语程度的影响很大。

（二）文化对话语生成和理解的制约作用

（1）不可抗逆性。文化对语言的影响是十分巨大的。在不同的文化中有不同的交际方式，语言不仅是文化的组成部分，更是文化传递的工具，因此文化使交际受到制约。

（2）隐蔽性。说话的语境分为三种：第一，说话的时候联系上下文，使整段对话具有逻辑性，这种语境就是上下文语境；第二，说话时的情景，也就是使用语言时的直接背景；第三，社会语言环境，整个交际活动所处的大环境，也就是文化背景。前两类语境是显露在外的，而文化背景是看不见摸不着的，在潜移默化中影响着人们的交际活动。人们在接触社会的过程中，习得了语言和语言中蕴含的文化因素，这些文化因素潜藏在人们的意识深处，人们的行为受其影响。因此，人们在使用母语进行交际时通常意识不到文化因素正在影响着自己的语言行为。这时，如果接触并学习到另外一门语言，人们的注意力就会集中在这门外语的语法和规则上，时常在意识中强调外语和母语的区别，极容易受母语文化的影响，用母语文化因素引导外语的使用，以致造成错误的结果。

（3）复杂性。复杂性是指文化因素要和当时的说话语境一起产生作用，才能制约话语。比如，在选择语体的时候，人们要根据交际活动进行的场所作出适合自己的选择，文化只有和语境相配合才能发挥其作用。如果离开说话者意图，那么文化因素就无法起作用了。

从另一个角度讲，文化对交际活动的制约过程十分复杂，这种复杂性还体现于文化自身。文化所包含的概念太广博，不仅内容丰富，而且形式各异。文化系统中不同部分对言语行为的影响各不相同。

文化因素是使用语言进行交际的重要约束条件。将话语置于具体的语言背景中的研究是非静态的，侧重于研究语境对语言的影响，这对外语教学来说有重大意义。

第三章　对外汉语教学的文化学基础

第一节　语言与文化

一、文化的定义与分类

文化的定义至今没有统一的说法。广义的文化是指人类在社会历史发展过程中创造的物质财富和精神财富的总和。狭义的文化主要指的是思维意识的部分，是与物质相对应的精神层面，如政治、经济、艺术、哲学等。有时只是指其中的文学、艺术，与政治、经济、科学、教育等并提。最窄的文化概念甚至具体到"茶文化""酒文化"等。

根据文化内容的不同，可将文化分为四个部分：物质文化、制度文化、观念文化和行为文化。物质文化是指人类创造的能够体现人类社会生活的物质文明，如生产工具、生活用具、服装、庭院等。行为文化是指人类在社会交际中形成的规则和标准，如风俗、生活方式等。观念文化是指人类在日常的实践活动中形成的价值观、科学理念等。制度文化是指在观念文化的基础上形成的社会规则，如各种法律、社会制度等。

二、文化的特征

（1）文化是人们在社会实践的过程中创造的。而具体到个人身上，文化的获得需要通过后天的学习。人类创造和享受文化的过程是同时进行的。

（2）不同民族有不同的文化，一般同一民族会形成共有的文化，但是不排除同一民族内部也会形成带有一定差异亚文化的可能。不同的民族因为生活背景、发展程度等方面的不同形成具有较大差异的文化，有各自的特色，但不是说不同民族的文化是绝对不同的，其中也存在着共通之处。这些不同民族文化之间的相同点就是各民族人民相互理解、相互包容的契机，而文化之间的差异在一定程度上给跨文化交际带来了阻碍。人们生存的世界早就是一个包罗万象的世界，只有求同存异、百花齐放的大环境才能使多民族文化之间相互影响、相互学习，共同为人类进步提供积极因素。

（3）文化具有社会性，是由某个群体创造的，带有群体的特色。如果群体没有接纳某个人的行为和思维方式，这个人的行为和思维方式就不能被称为这个群体的文化。由此看出，文化所具有的社会性体现出文化是由创造该文化的特定群体的全体成员共同拥有的，并且约束和规范着群体成员的行为。

（4）文化具有系统性。其系统性体现在文化是一个由浅入深的完整的系统。

（5）文化是建立在一定的符号系统上的，只有通过符号系统，文化才能更好地表达出来。语言就是符号系统中最重要的一部分。除此之外，绘画、音乐、舞蹈都属于符号系统。在日常生活中，语言是占据最大比例的表述符号。

（6）文化是发展变化的。文化有历史性，文化是在历史中不断传承和积淀下来的。文化又是不断发展变化的，文化伴随着物质文明的进步而不断进步，原有文化中的糟粕被摒弃，符合历史发展的被留下。物质文化的发展是最快的，随之变化的就是制度文化，习俗文化在其中是比较稳固的，变化最慢的是观念文化。

三、语言与文化的关系

语言和文化之间是密切相关的。

（1）语言是文化的一部分，语言和文化不可分割，语言是文化传播的工具。两者都是在社会实践过程中形成和发展的。人类要想习得语言和文化，就必须经过后天的学习和培养。语言作为文化的一部分，自然具备文化的特性。文化必然有其对应的语言，语言是用来表达文化内容的，所以语言不会独立于文化而存在。

（2）语言是用来记录文化的，语言是文化的组成部分，又是极为特殊的一部分。语言自身是文化的一种表现形式，而且能够传达和表述文化的其他部分。语言可以传播文化，可以表现人的思想，还可以用于人际交往，所以语言需要人类的社会实践，在社会实践中传播、沿袭和存储文化。特别是文化若想跨越时空得到长久留存，更少不了语言的帮助。

（3）语言和文化相互依附、相互促进和相互制约。语言是文化的一部分，也承担着传播文化的重任。文化的多样性决定了语言形式及内容的多样性，文化的进步势必带动语言的进步，每年都会有新词汇被编入词典，这足以证明文化对语言的决定性作用。反过来，语言的发展变化也会促进文化的发展。因此，文化和语言处于一种相互制约的关系之中。各民族在悠久的历史中发展形成了自己独特的文化，进而衍生出自己独特的语言系统，这些民族文化间的差异限制了语言在跨文化交际中的运用。

语言和文化关系紧密，不可分割。要想精通一门语言，就必须对该语言的文化背景以及该语言透露出的文化因素有一定的了解，反过来亦是如此，要想熟悉一种文化，就要通晓它对应的语言。

第二节　语言与跨文化交际

不同文化背景的人进行交流称为跨文化交际。这种交际主要运用的工具是语言，也称为跨文化语言交际。人们社会生活的正常运行需要传递和获取信息，这种行为就是交际活动。全球化的发展使人们的交际行为不可能再局限于同一国家，跨文化交际的重要性越来越突出，影响着世界各地人们的友好往来和前途命运。文化之间的差异是影响跨文化语言交际最重要的一方面。由此可见，在跨文化交际中，文化差异的研究应得到格外重视。

一、跨文化交际的特点

（一）文化差异与交际障碍

如果交际双方有相同的文化背景，在交际的过程中便不会出现误解和冲突。如果双方来自不同的文化，在跨文化交际时，因为双方的文化有差异，会产生矛盾，造成语言和行为的曲解，而文化中相同或近似的地方就能够促进相互理解。世界上存在着多种多样的文化，不同文化之间的差异程度是不同的，如果存在较大的文化差异，交际时就更容易引起误解，甚至导致冲突。

（二）交际原则与价值观念

人们在使用语言进行交际时要遵从一定的准则，如格赖斯提出的会话合作原则、利奇提出的礼貌原则。不同的文化之间有差异，语言交际原则根植于文化，因此语言交际原则自然而然地受到文化差异的影响而各有不同。格赖斯和利奇是西方国家的语言学家，如果以西方文化价值观为基础的语言原则评断东方的文化和行为，就会格格不入。

（三）母语文化的思维定式和对异文化的成见

人们一出生就受到母语文化的影响，通常这种影响维持一生。一个人如果一直身处其母语文化的氛围中，就极易产生以其母语文化为基础的思维惯性和优越感，并且在潜意识里用自己母语文化的标准衡量世界上其他的文化，如果其他文化的行为和思维方式不符合自己的标准，就无法理解和接纳。另外，如果一个人从未身处其他的文化环境，没有接受过其他文化的熏陶，只是偶尔接触或者间接地受其他文化影响，那么他就更容易对其他文化产生偏见。这些偏见对跨文化交际有负面的影响。

（四）交际过程中的相互接近和求同趋向

可以想象这样一个场景，当一个中国人和一个外国人进行交际时，外国人的汉语水平一般，中国人发现外国人可以理解一定的汉语，就会产生一种十分惊讶和喜悦的心情，不会严格要求外国人使用规范的汉语，而是千方百计地猜测和理解对方想要表达的意思，甚至帮对方表达，从而达到顺利交际的目的。在跨文化交际时，人们会采用比较简单的词汇表达自己的意思，还会重复自己的话语或变换说法，使对方听懂自己的意思。这就会在交际过程中促进文化不断融合与相互接近。在跨文化交际中，虽然不同文化之间有明显的不同之处，但是交际双方为达到交际目的，在交际行为中发生了相互接近和求同的趋向。交际双方会在文化和语言方面尽可能地接近对方，协助对方了解自己的中心思想。文化内容的求同趋向要求人们对交际对方的文化有一定的了解。交际过程中的相互接近和求同趋向归根结底是为了达到交际目的。

（五）交际的结果：文化的相互影响

世界上各种文化之间不是相互孤立的，交流与融合是大趋势。跨文化交际就是文化之间的交流。在长期的交流过程中，不同文化间产生了相互影响。只要存在交际行为，不管是个人还是整个社会都势必受到对方文化的影响，使自己的文化发生变化。这种变化和交流是在双方平等的基础上发生的，其作用是正面、积极的，各文化间可以择善而从、共同进步。如果在一种不平等的社会背景下进行文化交流，那么很可能发生优势文化对劣势文化的冲击，甚至出现强势文化对弱势文化的同化。

二、跨文化交际中文化的冲突和适应

当人们接触到另外一种文化时，这种接触可能是跨文化交际，也可能是投入另外一种文化的生活环境中，或学习另外一种语言，其他语言文化与母语文化的差异使人产生本能的排斥，文化冲突是不可避免的，但是可以慢慢适应。这个适应的过程通常分为四个阶段。

（一）蜜月阶段

人们在接触到新鲜事物的时候首先感到新奇，有极强的好奇心和兴奋感，通常情况下对未来的设想也都是正面的。因此，刚刚接触到第二文化或进入第二文化的环境时，人们也有这样的心理。

（二）挫折阶段

当最初的新鲜感和好奇心过去，人们会发现生活中的一切都不再是自己曾经熟悉的样子，衣食住行处处存在着差异，人生地不熟，语言沟通不顺利，这些问题使人感到彷徨、茫然、失落和孤独。在面对这样的境况时，有的人态度消极，拒绝进一步接触当地人和文化；有的人反应强烈，甚至采取不适宜的暴力行为发泄心中的郁闷；有的人因为不能承受生活和心理上的压力，最终选择回到自己的母语文化环境中。这些现象都可以称作"文化休克"。概括地讲就是人们在接触非母语环境的时候，由于两种文化的差异导致心理上的不适，甚至产生焦虑等症状。因为各种原因而要接触其他文化的人都会经历这样的阶段，产生文化休克，但是文化休克在不同的人身上表现的形式和程度不同。人们提前了解文化之间的不同之处，有助于顺利度过挫折阶段，减少文化休克对自己产生的负面影响。

（三）调整阶段

挫折期过后，人们为了展开新生活，适应新的文化氛围，开始对自己与环境之间的关系进行一些调整。通常人们都是在这个时候逐渐习惯新环境的，也在与当地人的交流中逐渐提升自己的语言水平，并通过交新朋友缓解孤独感和陌生感。这一时期的人们对新环境文化的态度既不是热烈的，也不是像初来时的排斥、反感，而是一点点逐步适应。

（四）适应阶段

调整与环境的关系后，人们渐渐适应了第二文化，对第二文化可以理智、客观地看待了。

上述过程基本上是对第二文化的适应过程，时间大概需要一年左右。时间并不固定，因人而异，主要是看学习者对不同文化的接受程度。例如，小孩子由于对自己的母文化还不太了解，因此当遇到异文化时，所受到的母文化的影响就比较小，甚至感受不到影响，适应第二文化就比较容易。成年人对异文化的适应能力高低主要看对第二文化的了解程度，了解得越多，就越容易适应，越不容易产生文化休克。其实不管成年人还是孩子，影响人们对第二文化接受快慢的主要因素还是两种文化之间的差异。差异如果很大，那么对谁来说适应起来都不容易，如东西方文化之间的差异。许多外国人来到中国数十载仍然适应不了中国的生活环境和复杂的人际关系，许多中国人去国外生活也可能一辈子都适应不了国外的生活节奏和生活习惯，很难融入其中。这体现了文化差异对文化适应的影响，因此对第二语言的学习者来说，文化差异有很大的影响。在学习者刚开始学习第二语言遇到困难时，要给予他们充分的理解，并及时帮助他们适应环境，成功地掌握第二语言和第二语言文化。

三、跨文化交际中对待不同文化的态度

无论是外语学习者还是语言教师，对待异文化的态度是很重要的。因为对文化的态度影响对语言的学习，在 21 世纪应把对文化的态度作为培养人才的一项基本课题。

（一）尊重不同的文化

对于任何文化人们都应给予支持、理解和尊重。民族的主流文化是民族智慧的结晶，代表着民族的历史和民族特点，与社会的发展是相辅相成的。世界文化多姿多彩、丰富多样，无论是西方文化还是非洲部落的文化，都是构成世界多样文化的基本因素。各种文化在平等交流的过程中，都在进步和发展。文化不存在高下，文化之间存在差异是文化多样性的表现，不能对异文化进行不正确的评判。例如，人们往往认为美国人都是富有的，英国人待人傲慢、行事节俭，德国人则是遵守规则又固执己见的，意大利人是充满热情和崇尚浪漫的，中国人是含蓄而保守的。文化沙文主义经过历史实践证明是愚蠢的，人们不应该看低不同于本民族文化的异文化，对于其他民族的文化，应该给予尊重，进行保护。

（二）理解与适应目的语文化

尊重不同文化是人们在跨文化交际中首先要做到的。对于在跨文化交际中遇到的新环境和新语言，仅尊重是不够的，还要学习和理解、主动接触。只有这样，

人们才能更好地适应新环境。当人们适应了新环境并对异文化有所理解后，会渐渐地产生学习兴趣，甚至会喜爱异文化。如果经过努力还是无法适应新的文化和环境，那么人们对目的语言和当地文化的学习兴趣就会大打折扣，甚至失去兴趣。

（三）求同存异对待文化冲突

文化冲突不可避免，无论人们多么热爱一种文化，也可能会对它产生抵触，产生文化冲突。文化差异是引起文化冲突的根本原因。各个民族的文化有独特的社会背景和文化渊源，因此文化差异是在所难免的。各种文化之所以能发展到今天，必然有其发展的合理性。要想缓解或解决文化冲突问题，人们需要用包容的心态看待不同的文化，减少文化冲突。

（四）外为我用，发展本国文化

对待异文化要用求同存异、宽容开放的眼光看待，但这并不代表要全盘接受异文化。人们长期在异文化环境中生活和工作时，必定会受到异文化的影响。是否接受异文化，大众有四种态度。第一种态度是完全否认异文化的好处与可取之处，无条件认可母文化，并因此拒绝异文化。文化冲突的现象很大一部分是受这种态度的影响。若语言学习者或者语言教学者对外来文化持拒绝态度，必然会对第二语言的教与学产生影响。第二种态度完全不同于第一种态度，对目的语文化全盘接受，全面否定自己的母文化。这种态度通常出现在移民人群中，他们对目的语文化盲目崇拜的态度在短时间内有利于对当地语言和文化的学习和了解，但是时间一长，就会因为两种文化之间的差异引发文化冲突。这种态度跟第一种完全拒绝的态度都是绝对的，在跨文化交际中都是不可取的。第三种态度是平等地对待两种文化，对两种文化都持接受的态度。通常持这种态度的人被称为"双文化人"或"边缘人"。他们全盘接受两种文化，在价值观念和道德观念等方面具有两种文化体系。但其实要做到这一点很难，尤其在两种文化差异较大时，持这种观点的人最终往往获得相反的效果，无法满足来自这两边互不相容的文化要求，只能摇摆于两种文化体系之间。第四种态度是最为科学、客观的态度，就是在母语文化的基础上，有选择地汲取外来文化，取其精华，去其糟粕，从而运用外来文化的精华创新发展母文化。这种态度被称为"外为我用"型。本书支持这种态度。

（五）从跨文化交际的需要出发，选择文化依附

对于第二语言的学习者和教学者来说，在教学过程中存在文化依附的问题；对于跨文化交际的双方来说，也存在文化依附问题。什么是文化依附呢？举例来

说，第二语言学习者和第二语言教学者在教学过程中肯定以第二语言文化为基础进行教与学，这种文化体现就是文化依附。就像在中国学习和生活的外国人，想要尽快学习汉语知识，运用汉语知识，肯定要以汉语文化为基础。然而依附汉语文化并不是要汉语学习者事事模仿中国人，这里所说的依附不是指表层的现象，而是在理解和熟悉中国文化的基础上以汉语文化行事，避免在跨文化交际中产生不必要的误会。这一点非常重要。例如，关于工资，西方文化注重个人隐私，一般不会在交谈中涉及工资问题，外国学习者当然可以继续在中国维持这样的习惯，但是在中国，聊天中谈及工资问题是一件平常的事，外国学习者遇到这种情况时，可以不认同，但要理解文化的差异，至少不要对此反感。其他有关个人习惯的具体行动是否要依附中国文化，还需要具体问题具体分析。许多西方学习者来到中国之后，很容易模仿中国人的穿衣打扮和饮食习惯，如换上中国人爱穿的布鞋，在吃饭时用筷子夹菜。只有在这些非语言方面和一些语言行为上模仿中国文化，对中国文化进行依附，才更容易学会地道的汉语。对于中国制度也是如此，外国学习者在中国必须遵守中国的相关制度。在文化风俗方面，应入乡随俗，外国学习者在中国要尽可能地按照中国风俗办事，在一些跟中国文化不冲突的习俗上，他们也可以选择保持自己的本国文化风俗。在观念文化方面，外国学习者要想学习好地道的汉语，就必须遵循中国人的观念和思考方式。至于学习者的人生观、道德观以及审美情趣等则不必完全依附汉语文化，可以由学习者本人决定依附与否，他们只要在日常交际中理解中国文化中的这些观念就可以。深层次地理解中国文化不是一件简单的事。从事对外汉语教学的工作者必须做到依附中国文化，这是他们的工作需要。当然，他们也要对外国文化进行了解，这样有利于教学活动的顺利进行。

为了使交际能够顺利进行，有时会对一方的语言文化进行依附。依附于哪一方文化由运用哪一种语言决定。例如，如果双方都用汉语进行交流，就应该依附汉语文化。主动依附的一方往往对对方文化了解得更多一些。一般情况下，都是双方向对方文化靠拢，从而达到交际成功的目的。

四、交际文化

人们对社会认知度的不同，对词语的理解也有所不同，对于一些词语不能仅追求片面意思，要更加细致地了解深层含义。中国文化博大精深，许多语句都有引申含义，如"毁我长城"，如果仅片面地将其理解为毁坏长城，是远远不够的。这里的"长城"不是指简单的建筑物，而是对中国人民解放军的比喻。若要做到对知识全面把握，就要充分了解其各方面的含义。生活中对语言的误解常常会发生，即使是拥有相同认知度的群体对语言的理解也会存在一定的差异。两种语言间规约性的文化差异就是交际文化，它可能在交际中引起误解或偏差。

20世纪80年代初，学者张占一等提出了区分"交际文化"和"知识文化"的观点。知识文化指在跨文化交际中不直接影响准确传递信息的语言和非语言的文化因素；交际文化指在跨文化交际过程中影响信息传递的一些语言和非语言因素。比如，中国人吃饭一般都用筷子，是不影响交际的"知识文化"，而筷子不插在饭菜上的习俗属于影响交际的"交际文化"。

随着时代的不断发展，交际文化在社会发展过程中逐渐起着决定性作用，将其与知识文化相结合，有利于第二语言的学习。交际文化概念的提出让人们更加系统地了解语言文化适应性的重要作用，因此在第二语言学习中人们也更重视交际文化。然而有些人认为交际文化没有可靠的理论支持，缺少实际操作的实践，会造成对知识文化的挤压。也有一些学者对交际文化的含义进行了细致的分析与说明。例如，吕必松指出，所谓语言交际文化，就是隐含在语言系统中的反映出一个民族心理状态、价值观念、生活方式、思维方式、道德标准、是非标准、风俗习惯、审美情趣等多方面特点的一种特殊的文化因素，这种文化因素主要体现在语言的词汇系统、语法系统和语用系统之中。他认为，语言中的这类文化因素对语言和语言交际有规范作用，但是本民族人往往不容易觉察，只有通过对不同民族的语言和语言交际的对比研究才能揭示出来。这体现了交际文化的隐秘性，要求人们有敏锐的观察力。

综上所述，跨文化交际应遵循互相尊重、互相理解、互相适应的原则。对外汉语教学要达到培养跨文化交际能力的目的，必须处理好语言教学与文化教学的关系，使学习者在掌握汉语的同时，能更深层次地学习到中国文化方面的知识。

第三节　对外汉语的文化教学

一、对外汉语教学相关的文化教学

在过去的很长一段时间内，人们过于看重语言结构，而对文化教学没有给予关注。但是现在人们已基本上达成了这样的共识：对外汉语教学应该以语言教学为主，同时紧密结合相关的文化教学。这是因为语言教学离不开文化教学。从语言教学的第一课开始，所教的语言本身就包含着文化的因素，文化是语言教学内容不可或缺的一部分。随着学习者语言水平的不断提高，他们对相应文化知识学习的要求也越来越高，对目的语文化知识掌握得越多，越有利于他们语言交际能力的发展。文化一直在直接、间接地影响着语言的学习。此外，对外汉语教学必须以语言教学为主，而不能以文化为主，也不能使语言与文化并重。文化教学部分不能无限制地膨胀，冲击语言教学。在学习者语言水平很低的情况下，文化教学本身也是一项沉重的负担。因此，在丰富的文化范围内确定对外汉语教学中的文化教学内容，就成了十分重要的问题。

想要确定符合要求的教学内容，就要遵循语言的、交际的、对外的原则，筛选与语言的学习和使用紧密相关且体现汉语文化特点的、培养跨文化语言交际能力所需要的、针对外国学习者实际需要的那部分文化。

（一）语言的文化因素

在语言教学过程中，人们最先接触到的是文化因素。要学好语言，就要充分了解相关的文化因素，这些文化因素存在于生活的方方面面，只要留心，就会发现并学习到。语言的文化因素主要是指语言系统各层次的文化内涵和语言使用的社会规约。掌握了有关的文化因素，人们可以更好地理解在跨文化交际中出现的一些问题。因此，人们学习语言文化时，只有了解了文化，才能在之后的学习过程中游刃有余，了解文化是深入学习的前提。许多学者意识到了文化因素的重要性，他们将语言的文化因素进行了更加细致的分类，分为语构文化、语义文化和语用文化。这是从语言本位出发，把隐含于语言系统中的文化因素显露出来，使文化教学与语言教学融为一体。

（二）基本国情和文化背景知识

想要更加深入地学习语言文化，就要对目的语国家的基本情况进行了解。在相应的文化背景下学习，有助于掌握目的语。因此，在语言教学中，可以通过课本以及相关多媒体资料等进行国情以及文化背景的补充。

（三）专门性文化知识

对于语言学习，掌握专业性文化知识非常重要。专业性文化知识的掌握与对基本国情和文化背景的了解有截然不同的方式，专业性文化知识的掌握要求更加严格。专业性文化知识在教学中主要体现在为高年级开设的文化课中，如中国文化史、中国文学史、中国历史、中国经济等。这类课程为培养学生高一层次的汉语交际能力提供了一定的文化基础，是与语言教学平行而又相关的文化课。与基本国情和文化背景知识的教学相比，这类课程在介绍文化方面有一定的专门性、系统性、完整性，但为第二语言学习者开设的课程，这类文化课与为本国学生开设的一般文化知识课又有很大的不同。它强调"对外"的特点，要考虑外国学生的需要，要适当照顾到他们的目的语水平，甚至要有一定的语言要求。在课程内容方面，它强调文化知识的基础性和常识性。

随着学习者汉语水平的提高，今后专门性文化知识课程应逐步加强学术性，突出文学艺术、哲学思想等专业知识的内容，以保证学习者在掌握好汉语的同时，受到足够的人文科学教育。目前的情况离达到这一步尚有不小的距离，但从专业建设的长远目标来看，这一点应当考虑到。

二、对外汉语教学中的语言文化因素

（一）语构文化

作为文化因素的重要组成部分，语构文化发挥了极其重要的作用。语构文化指词、词组、句子和话语篇章的构造所体现的文化特点，反映了民族心理和本民族的思维方式。汉语结构最大的特点是重意合，而不重形式，不是用严格的形态变化来体现语法关系和语义信息，而是在遵照一定的结构规则的基础上，只要在上下文中语义搭配合乎事理，就可以合在一起组成句子、语段。

汉语的意合性必然带来语言结构的灵活性和简约性。在构词上体现为不是采用由词根附加词缀的派生方法，而是用非常灵活的词根复合方式。两个词根只要意义上能结合，就可按照一定的句法关系组成新词。比如，"动"和"静"这两个语素本身是单纯词，采用并列方式合在一起就成了另一个合成词"动静"。而"动"又可以和别的语素通过不同的句法关系组成"动物""动手""动心"等不同的词。这些合成词的意义与组成该词的各语素意义紧密相关。这就是汉语灵活性的充分体现。在句子方面也有类似的情况，一句话可以通过不同的方式表达，最终达到的效果却是一致的。比如，"三件衬衫100元"，还可以说成"100元三件衬衫"，但是意思不会改变，体现了句子的灵活性。相对独立的句子整合在一起也可以体现出一定的关联性，可以是简单的因果关系，可以是一种并列关系，只要语句通顺，有一定的道理和逻辑，就具有自身的合理性。因此，人们可以对语句进行调整与修改，最后形成丰富的语言表达形式。在古代的一些诗词中，人们往往发现一个字可以使整个作品得到升华，这就体现出词语配合方式的作用，即"意合"。例如，马致远作品中所写的"枯藤老树昏鸦"运用简单的几个词语，便描绘出一种恬静的田园景象，小桥流水的生活仿佛就映照在读者眼前，这样的细腻笔触营造出了一种美好的意境。由此也可以看出，我国语言文化的独特魅力，有时不加任何修饰笔触，仍然可以表达情感。

句子的描写及表达要遵循一定的规律，不可以根据自己的情感随意写作，要体现时间的先后顺序和事情的逻辑关系，在空间、时间和逻辑上要全面考虑，并且运用恰当的修辞手法和表达方式。

汉语独特的结构往往使人感受到其魅力所在。汉语结构虽然具有高度的灵活性，但是并不意味着无规律可循，其在一定程度上有着严格的规律，同时具有人文性。对汉语结构的研究与教学，要充分考虑到中国人文传统的影响，找出真正能揭示汉语特点和规律的语言理论和方法。在对外汉语教学中，语构文化的教学一般结合语法教学进行。

（二）语义文化

语义文化指语言的语义系统，主要是词汇中所包含的社会文化含义，反映了民族心理和思维方式。这是语言中文化因素最基本的表现形式，也是语言教学中文化因素教学的重点之一。语义文化教学常常和词汇教学结合在一起。

一个民族文化中特有的事物和概念往往体现在词汇中，而在别的语言中没有对应词语，若不加解释，第二语言学习者就难以理解。更多的情况是某一事物或概念虽在不同的语言中有对应词语，但词义存在很大差别，因而在语言交际中容易造成误解和障碍。具体来说，主要包括以下几方面差别：词的内涵意义有差别，如"胖"的含义在不同文化中不同，词义不等值，汉语中的"知识分子""叔叔"与英语中的对应词词义范围不同；词的褒贬义不同，如东西方文化中的"狗""龙""宣传"等词带有不同的褒贬义；词的引申义和比喻义不同，如松、竹、梅在汉语中象征人的品德高洁，而在英语中无此意义。

（三）语用文化

在语言交际过程中，人们要遵循一定的规则，也要避免不必要的错误，这就是语用文化的体现。语用文化是文化因素的重要表现之一，在对外汉语教学中起着重要作用。在汉语教学过程中，教师要注意以下语用文化。

1. 称呼

中国人讲究长幼、尊卑、亲疏的人际关系，对长辈、上级不能直呼其名。中国人敬老，往往在称呼中加上"老"字，如"老大爷""老大娘""老先生""某（姓）老"，这些都表示尊敬的意思。在称呼中也喜欢把别人的辈分抬高，如用自己子女的口吻称呼自己同辈为"叔叔""某伯伯"，对小孩子用"小弟弟""小妹妹""小朋友"之类的称呼。为表示亲近和尊重，有时对不熟悉的人用亲属称谓，如"警察叔叔""护士姐姐"等。

2.问候和道别

在与人交往中，适当的问候语是必不可少的，人们会根据自己的情况运用最合适的问候语和道别语，如对待陌生人，打招呼的方式可以是"你好"，面对比较熟悉的人，就可以说"嗨"。除此之外，对于一些具体的谈话内容，人们需要根据实际情况作出问候，如"今天要去哪玩""最近怎么样了"等，表示自己对对方的关心。在道别时，要观察对方的表现，寻找最合适的道别方式，人们常用的是"再见""一路顺风""回去吧，别送了"等，虽简短，但暖心。

3.道谢和道歉

中国人用"谢谢"一词的频率低于西方人。"谢谢"在汉语中是表示礼貌、客气的用语，因此关系越亲密用得越少，家人之间一般不用。中国人道歉的场景也不如西方人多，过去认为打喷嚏、打嗝、咳嗽之类的生理反应是无法控制的，没有因这些事道歉的习惯。也可能是因为汉语中缺少语义稍轻的"excuse me"的对应词，一道歉就用"对不起"。

4.敬语与谦辞

对别人表示尊重，对自己则尽量谦逊，这是中国文化最基本的交际规约。对长辈、对不太熟悉的同辈甚至晚辈，一般都要用敬语，如称对方为"您"，用"贵"（贵姓、贵校、贵国等）以及"请教""高见""光临""拜托""大作"等词语，对自己则常用谦辞"敝"（敝人、敝校、敝公司等）以及"浅见""拙作""寒舍"等。介绍别人时常把对方说得高一点以示尊重，自我介绍时一般都不愿炫耀自己的业绩，甚至故意压低自己以示谦虚。比如，明明是应邀做学术报告，但在开场白中要客套一番说"事前没有什么准备，谈一点不成熟的看法，抛砖引玉"，报告结束后还要加上"以上是个人粗浅的看法，不对的地方欢迎大家批评指正"。这在中国文化中显得言谈得体，但在西方文化中则可能被看作"不真诚"，或者被误解。

5.褒奖与辞让

中国人在面对他人的夸奖时，一般作出一定的辞让，要将自己的贡献归功于集体，要体现自己对领导以及他人提供帮助的感激。在答复别人的夸奖时，常说"哪里，哪里"。例如，被别人夸赞口语流利时，会用谦虚的态度表示自己还需努力，这体现了对他人褒奖回应的技巧，并不是对夸奖者的否定，而是表示谦虚。

6. 宴请与送礼

在中国，若有人请客吃饭，一般受邀者会再三推辞后接受邀请以此表示礼貌以及对邀请者的尊重。作客时，客人要客随主便，以少麻烦主人为原则。中国人请客时非常热情，出于礼貌，主人主动劝食劝酒，准备的菜肴十分丰盛。但主人还要强调没有什么好菜，也没什么准备。中国有许多类似的习俗，给别人送礼物时要说自己的礼物不好。对方在接受礼物的时候，如果不是十分亲近的朋友，会再三推让之后接受，并对送礼者道谢。不同于西方习俗的是，接受礼物的人不会当面打开礼物，往往会谦虚地表示自己受之有愧。而西方人往往当面打开礼物，并对礼物表示赞美，表达自己对礼物的喜欢。由此可见，东方西方文化在待人接物上有所差异。

7. 隐私与禁忌

中国人之间越是知心朋友越能推心置腹，无所不谈。年龄、工资、购物所付的钱、个人的婚姻、子女的情况等在西方人看来属于个人隐私，而中国人之间关系越好则越愿意分享这类信息，且一旦交换了这类信息，往往关系更为密切。至于年龄，因越大越受到社会尊敬，中国老人不太介意"老"字，"老了，不中用了"成了谦虚之词。但并非中国人不存在隐私。年长者询问年轻女性的年龄、婚姻状况是可以接受的，因为这是一种关心。中青年异性之间则不宜互问年龄，年轻男士尤其不宜向年轻女性询问这类个人的情况。中国人一般也不当面夸奖别人的妻子或丈夫漂亮。同性之间禁忌比西方少，手挽手、勾肩搭背、打打闹闹并无同性恋之嫌。

语用文化体现了东西方文化差异，也是外国学习者在跨文化交际中最先遇到的障碍。这类语用规则突出地体现了中国文化崇尚集体与和谐、关心他人、尊重他人、热心待人、谦虚律己的传统。

三、对外汉语教学中的文化教学原则

在对外汉语教学中，文化教学要体现以下原则。

（一）要为语言教学服务，与语言教学的阶段相适应

文化教学必须为语言教学服务，脱离语言教学的文化教学不是本学科、本专业所需要的文化教学。

语言教学一直存在误区，如排斥文化教学、以文化教学为中心以及语言教学

与文化教学并重。一般要求文化教学的深度必须和学生的语言水平和交际需要相适应，还要与语言教学阶段适应。语言教学分为初级阶段、中级阶段和高级阶段。初级阶段主要进行语言文化因素教学，中级阶段结合课文逐步增加国情文化知识的内容，高级阶段则开设一定的专门性文化知识课程。文化项目的选择不能脱离语言教学阶段，要体现由浅入深、循序渐进的原则，要适度，不能借题发挥、喧宾夺主，不能把语言课上成文化知识课。

文化教学必须有严格的文化等级标准、等级大纲和文化教学大纲。

（二）要有针对性

美国学生和日本学生对中国文化的感受不同，这就需要进行文化对比。文化对比和语言对比一样，可以是一对一的对比，这样有助于形成分国别专用教材，将中国文化与学习者的母语文化对比；也可以从分析中国文化出发，与不同国家的文化相比较编写教材；同时可以与外国学者合作研究，由于外国学者对中国文化的特点比中国人敏感，因此这种合作是非常必要的，有助于加强针对性。

（三）要有代表性

中国幅员辽阔，民族多，文化呈现出了多元化的特点，并存在南北文化差别、城乡文化差别、各民族文化差别。文化教学中所介绍的中国文化应该是具有代表性的主流文化、中国人共通的文化，而不是部分人群的亚文化。文化教学中所介绍的文化先应该是当代的活生生的文化，这对培养外国学习者跨文化交际能力有直接帮助，总是津津乐道过去时代的文化是不可取的。最为重要的一点是，在文化教学中要舍弃不文明的现象，选择有一定文化教养的中国人身上反映的文化。

综上所述，中国的主流文化、当代活文化以及有一定文化教养的中国人身上反映的文化就是具有代表性的文化。

（四）要有发展变化的观点

改革开放以来，人们接触到了许多异域文化，自身的文化习俗也在潜移默化的发生改变，特别是年轻人身上所反映的习俗文化已经有很大的变化。以语用文化为例，近年来"谢谢"用得越来越多，回答别人的夸奖也常常用"谢谢"，而不一定用"哪里，哪里"。随着社会竞争压力越来越大，贬低自己、抬高别人的文化习惯在很多年轻人身上已为推销自己所取代。随着与国外学术交流的增多，中国学者作报告时开场白和结束语的谦虚客套也越来越淡化。随着社会生活的变化，人们的隐私领域开始扩大，像工资一类的问题也成为禁忌。如今，中国传统文化习俗与新的文化习惯并存。因此，在对外国学习者介绍中国文化特别是习俗文化时，不能绝对化，要适当说明这一变化趋势。

（五）要把文化知识转化为交际能力

文化教学的目的是让学习者掌握有关的文化知识，并将这些知识转化为跨文化交际的能力，即让学习者能够正确理解语言中的文化内涵，自觉遵守社会规约，这就需要在教学中更加注重实践。

四、对外汉语教学中的文化教学方法

对外汉语教学中的文化教学被称为"文化导入""文化揭示"。但一般情况下，人们将"文化揭示"视为更科学的一种说法。既然文化因素是语言的组成部分，语言负载了文化知识，那么文化教学的作用应该是揭示语言中的文化内涵。文化揭示或文化教学主要有以下方法。

（一）通过注释直接阐述文化知识

这一方法适合语言学习的各个阶段。学习的初始阶段可以用学习者的母语注释，随着学习者语言能力的不断提升，可逐渐用目的语注释。

（二）将文化内容融入课文中

这一方法常被采用，即课文本身就可以介绍某一文化内容，这样就可以在学习语言的同时了解某一种文化。初级阶段可紧密结合口语会话材料，揭示用语规则及词语的文化内涵；中级阶段可增加国情知识的介绍；高级阶段可结合较深层次的文化内容。这些都是以语言为纲、结合文化教学的语言教材。迄今为止，大部分教材都属于这一类。人们也可以尝试用文化为纲、结合语言点教学的语言教材进行教学，这类教材在中级阶段使用可能会取得一定的效果。

（三）通过语言实践培养交际能力

在课堂中引进有关文化项目的练习对把文化知识转化为技能是非常必要的。但是，要真正培养语言交际能力，必须在真实的社会语言环境中进行语言实践。因此，到目的语国家学习，并走出课堂融入目的语社会中，才是文化教学最好的方法。

第四节　文化导入和文化阐释

文化不是专利品，是开放型的。不同民族或者社会集团中的文化虽然存在或大或小的差异，但是文化之间是互相影响、互相沟通、互相传授的，这就是文化的一种导入现象。文化在某些方面是能互相导入的。历史上，古印度佛教文化传入中国和汉字传入日本、朝鲜、越南等都属于文化导入现象，文化导入的事例还有许多。文化差异客观存在，文化导入也就无所不在。因为各社会集团、各民族需要通过文化互补推动社会的进一步发展。文化对世界发展进程起推动作用，反过来，文化本身又不可避免地受到这种发展的巨大影响，特别是当今社会生活的国际化进程更需要文化互补。文化互补中也包括为了适应国际交往需要而要完善的语言交际手段。

很多学者为了更好地解释文化，从不同角度将文化分成不同的类别：按照文化性质可分为精神文化和物质文化两类；按照文化类属可分为习俗文化、建筑文化、宗教文化等；按照功能可以分为知识文化和交际文化。不论如何分类，都各有长处和缺陷，因为文化是一种极其复杂的社会现象，所以类别之间总是不可避免地存在交叉。

民族语言具有储存文化信息的功能，是民族文化的一种形式。文化的导入离不开语言。因为语言（包括副语言）本身就负有"文化使命"，语言都带有一层文化色彩。语言与文化的很大部分是共生的、互为关照的。虽然不能说文化就是语言，或语言就是文化，两者不是完全一对一的对应关系，但是，它们之间确实有着不可分割的联系，是有重合的两个圈。语言是文化产生、发展的重要伴随因素，社会文化的发展又反过来使语言更加丰富、细密。不同文化的导入，特别是交际文化的导入需要通过语言做中介。它们的导入模式同为接触、模仿、习得。因而，文化导入与语言教学构成了一个相互依附的整体。试看下面一段对话。

A：嗨，老小子，急急忙忙地去哪儿？

B：去喝喜酒。今天是王明的大喜日子呢。

A：好啊。他不做王老五了。

B：是啊。

A：嗨，我问你，他家那个怎么样？

B：没说的了！

A：你自己的事儿……

B：还没门儿呢。

A：你小组的那位不错嘛。

B：还没对上号呢。

A：有希望。到时候别忘了我啊，老兄。

B：好说话。

（画横线部分为隐含交际文化意义处）

很显然，如果我们仅传授语言规则，那么第二语言学习者无论如何也不可能完全理解这段话中隐含的丰富的语言交际意义和文化意义。言语交流由句子的形式、内容和说话者的动机组成。受话者是否能接受说话者的内容和动机，在一定程度上取决于与之相适应的社会文化能力。如果缺乏这种特定的社会文化能力，就会带来释义、理解的困难，影响交际效果。因此，在导入语言技能时，应同时导入文化能力，要与语言同步地增强文化洞察力。民族间的文化差异正如母语干扰一样，妨碍着交际能力的发挥，这已是公认的事实。人们都有这样的体验，看同一部电影，本民族的人很容易理解，但其他民族的人不一定能理解人物的全部行为及话语的全部内涵。这是因为不同民族存在不同的文化，其他民族对本民族反映的民族文化背景缺乏深刻的了解。总体而言，在对外汉语教学中，无论教材编写、课堂教学，还是工具书编纂方面，我国对文化知识的重视都是不够的。这就影响了教学效果。其他国家在推行第二语言教学时，都十分注意文化背景的转移——文化导入，这对于汉语作为第二语言教学来说，应该是一种反照。

既然从客观上看，文化的宽容性与语言的宽容性一样，是可以导入的，而且历史和事实都已证明了这一点，那么关键就在于人们在主观上如何解决文化与语言教学的结合问题了。

从整体上看，在语言教学过程中，文化导入无处不在。文化导入和语言教学都是有层次性的，两者的规律相同，都要求由浅入深，循序渐进。在教学过程中，语言教学要与文化导入保持在相近的一个层面上，而且文化导入要适应语言教学的层面，要以语言教学的层次为基准。文化导入要渗透于语言教学之中，两者不能分道而行。将语言教学与交际文化有机地结合起来能大大提高语言教学的质量。

人们常将文化划分为知识文化与交际文化，这样有利于语言教学。知识文化是指非语言标志的、对两种不同文化背景的人进行交际时不直接产生严重影响的文化知识。它主要以物质为表现形式，如艺术品、文物、古迹、建筑等。交际文化是指对两种文化背景的人进行交际时直接产生影响的言语中蕴含的文化信息，即词、句、段中有语言轨迹的文化知识，它主要以非物质为表现形式。当然，知识文化和交际文化本身与语言学习和语言交际都是有联系的，对于学习任何一种外语的人来说，都是应该具备的知识。只是从语言教学的层次性和轻重缓急考虑，从有利于文化的导入出发是有必要的。

交际文化是指语言本身所含的文化和语言交际时所含的文化背景。具体地说，它大致包括：

（1）由于社会文化背景不同而产生的无法对译的词语。例如，"爱人"在汉语中表示"丈夫"或"妻子"，在英语中有"情人"的含义。

（2）在不同社会文化背景下产生的某方面有些有层次差别的词语。例如，"春、夏、秋、冬"因地域不同，时段概念略有不同。又如，"谢谢"和"thank you"的语用范围、使用频率不尽相同，前者的使用范围比较狭窄，后者的使用范围更加宽泛。

（3）因社会文化背景不同导致的词语使用场合的特异性。例如，汉语语境中的"我爱你、亲爱的"等词仅用于恋人或配偶间，但是在西方语境中，此类词语的使用面宽得多。

（4）因社会文化背景不同产生的词语褒贬不一现象。例如，在汉语中，"乌龟"为贬义词，但有的民族寓意吉祥，是褒义词。"紫罗兰花"在西方常与同性恋和性变态者联系起来，在中国则被视为美丽的象征。

（5）因社会文化背景不同产生的潜在观念方面的差异。例如，"老张"中的"老"字在汉语中是敬辞，而西方人会刻意回避这个字。

（6）因文化背景不同产生的语言信息方面的差异。比如，两人路上相遇打招呼时常说"上哪去""买了什么"，汉语是非实指性的问候语、套话，西方人对此却很反感，觉得这是在干涉他们的自由。又如，"你身体好吗""你不舒服吗"，中国人将此当作关心对方的一种表示，西方人则误解为中国人过分关心其身体，会感到厌烦。

（7）含有民族特殊文化传统信息的词语，如罗汉、八仙等。

（8）成语典故、名言警句等。

（9）一些特定的能够反映民俗文化信息的词语，如月饼、喜糖等。

（10）有特定文化背景意义的词语，如"王老五"。

（11）不同文化背景造成的语言结构差异，如语序排列的不同。

（12）其他因价值观念、心理因素、社会习俗等造成的文化差异。

以上只是简单的举例说明，是为了证明交际文化和语言交际有直接的关系，文化总是在无形中影响着人们的说话方式和交际方式。对外汉语教学的重点是让学生在理解中国文化的基础上使用汉语，使他们更好地了解汉语，了解中国人的说话方式，这样的教学才是有效的。

鉴于上述内容，当今社会面临一个发展文化意识的重要课题，包括发展教师的文化意识和学生的文化意识。发展教师的文化意识，就要要求教师熟识母语文化，了解学生的知识背景、能力结构以及他们的社会文化属性与发展的可能性。这也叫"文化调查"。文化不是单行道，而是双通道，所以教师要具备母语和学生所属社团的文化知识。教师如果有了这两方面的意识，就能在两种文化的比较中自由导入。发展学生的文化意识就是要有意识地让学生接触、模仿、习得目的语的文化，特别是交际文化。

文化差异的存在已众所周知，文化的导入已是当务之急。对外汉语教学除了传授语言本身的机制和规则外，还肩负着导入语言的文化内涵的重任。

第四章　第二语言习得研究

第一节　第二语言习得过程研究

一、对比分析

（一）对比分析的目的

对比分析是将两种语言进行比较，以揭示其相同点和不同点的一种语言分析方法。

对比分析这一方法早就存在，自从有了不同语言间的接触，就有了语言对比。语言对比最早是用来进行语言研究的。

20世纪40年代，美国最先开始在第二语言教学中运用对比分析的方法。1945年，美国著名语言教育家弗赖斯指出：最有效的教材应该是以对学习者的母语和目的语进行科学描述和仔细对比为基础的。之后，弗赖斯的学生和后来的同事拉多提出了第二语言习得的对比分析假说并建立了对比分析的理论系统。拉多认为，与学习者的母语相似的语言较易掌握，完全不同的语言系统学习起来则较为困难。因此，教师如果把目的语和学生的母语进行比较，找出它们之间的差异，就会清楚地了解什么是学生学习中的难点，并为教授这些难点做好充分的准备。由于拉多的倡导，对比分析又用于对学习者的母语和目的语的体系进行比较，以预测两种语言之间的差异造成的学习难点，从而在教学中采取预防性措施，建立有效的第二语言教学法。对比分析用于第二语言教学可以更好地发现学生的难点与教学的重点，反过来又能促进对目的语的研究。

（二）对比分析的理论基础和步骤

结构主义语言学是对比分析的语言学基础，行为主义心理学是其心理学基础。结构主义语言学注重对语言的形式进行客观、细致的描写。行为主义心理学认为，语言是一种习惯，可以通过模仿和强化巩固掌握。在习得第二语言时，第一语言的习惯会对第二语言产生影响。

在这里，对比分析引入了心理学的迁移理论。迁移是指先学到的东西对后面所学知识的影响。如果这种影响是正面的、积极的，起促进作用，就叫作正迁移；如果这种影响是消极的，起干扰作用，就叫作负迁移；如果没有任何影响，就叫作零迁移。对比分析认为，在习得第二语言的过程中，母语对目的语是会产生迁移的。母语与目的语相同或相近的方面会产生正迁移，既有差异又有关联的方面会产生负迁移，两者毫无关联的方面则产生零迁移。

负迁移又被称作干扰。两种语言之间的差异造成的语际干扰分为两种：一种是阻碍性干扰，即母语中没有而目的语中存在的项目，在习得目的语时这个项目会产生一定的阻碍。另一种是介入性干扰，即目的语中不存在而母语中存在的项目，在习得目的语时，这个项目就会介入目的语中，如母语为英语的学生会将"时"范畴的概念带入汉语学习中，从而产生干扰。

对比分析主要按照以下步骤进行。

（1）描写：以一定的语法体系为依据，对学生的母语跟目的语进行详细、准确的描写，以此作为对比的基础。

（2）选择：选择两种语言中要进行对比的语言项目、规则或结构。

（3）对比：找出两种语言相同、相似或有差异的地方进行比较。这要依靠参照点的有效性，即可比性。

（4）预测：根据对比产生的差异预测学生会在哪个方面出问题，并提出对策。

为了让对比分析的预测形式化，便于教学，语言学家对第二语言学习中的困难进行了分类，建立了多种难度等级模式。其中，比较简单实用的是布拉图在1967年提出的模式，这个模式共分六个难度等级：

（1）零级。两种语言中相同的部分（语音、词汇和语法）会产生正迁移，学习时没有困难。例如，英语和汉语的语言结构十分相似，那么以英语为母语的人学习汉语时就不会很困难。

（2）一级。母语中的两个或多个语言项目在目的语中合并为一个语言项目，学生可以忽略母语中这几项的差别，而逐渐习惯新的项目。比如，英语中的第一人称有主格（I）和宾格（me）的区别，但是在汉语中都合并为"我"，第二人称和第三人称也如此。

（3）二级。母语中有而目的语中没有的语言项目，学生就不要使用了。比如，俄语中有"性"范畴，但是汉语中没有，所以母语为俄语的学生在学习汉语时不要理会。

（4）三级。当母语中的某个语言项目在形式和意义上和所要学习的第二语言有差异时，学生要将它作为新的项目来学习。比如，英语中的名词只能作主语或宾语，但是汉语中的名词既可以作主语、宾语，又可以作谓语、定语和状语。

（5）四级。目的语有某个语言项目，母语中却没有相应的项目，学生学习时会遇到阻碍性干扰。比如，汉语中有送气音，而日语中没有，学生在发这些音的时候就会有困难。

（6）五级。如果母语中的一个语言项目在目的语中分成了两个或多个项目，那么学生在学习时要注意区分这些项目之间的区别。比如，英语中的单词 know 在汉语中可以对应"认识""知道""了解"等多个词语。

这个难度等级模式有助于预测的形式化，可以作为预测教学难点和重点的参考。但是，有些时候并非所有难度等级高的语言项目都是教学的重点。

（三）对比分析的意义与局限

对比分析有着独特的方法和程序，这种方法对全世界的语言研究方面做出了巨大的贡献。它主要通过对不同语言的比较使人们对语言特征的了解更为深入，为人们学习第二语言提供便利。对比出了第一语言和第二语言的不同之处后，教师可以很容易地预测出学生在学习第二语言时会遇到的困难，并制定适合学生学习的方法，编写合适的教材，进而提高学生的学习效率。如今，对比分析方法的使用范围不断扩大，今后将会在第二语言的学习中发挥更大的作用。

对比分析作为第二语言习得的一种研究方法，也存在一些局限性。①对比分析只研究第一语言（母语）对目的语学习的迁移作用，而第二语言学习者遇到的困难和所犯的错误并不只是来自第一语言的干扰。②对比分析在结构主义语言学理论的影响下，只对语言的表层结构进行对比，而且主要集中在语音、词汇、语法几个方面，没有语义、语用、话语、文化等方面的比较，因此这种对比也是不全面的。③对比分析最大的问题在于把学习者看作机械刺激的对象，不重视对学习者的研究，甚至干脆抛开学习者，只是进行目的语和学习者母语的对比，根本没有涉及学习者的实际语言表现，也未涉及学习者的特点。因此，有的学者认为对比分析只是一种语言的研究，不应包含在第二语言习得研究的范围之内。

正是考虑到对比分析的局限性，沃德霍把对比分析假说分为强式和弱式两种。

强式是以事前对第一语言和第二语言的对比分析为基础预测学习者在第二语言习得中可能产生的错误，这种预测常常不能达到预期的目的；弱式是从两种语言的相似点与不同点事后解释学习者已形成的错误的原因。于是，从 20 世纪 70 年代开始，人们的研究重心就转向了偏误分析。

二、偏误分析

20 世纪 60 年代末到 70 年代初，人们发现第一语言的干扰并非学习者错误产生的唯一原因，于是开始把研究的重点从两种语言的对比转到直接研究学习者的语言本身，集中对学习者产生的语言错误进行系统的分析、研究，从而发现了第二语言的习得过程。这标志着第二语言习得研究由对比分析发展到了偏误分析。偏误分析的鼎盛时期是在 20 世纪 70 年代。

（一）偏误分析的理论基础和作用

偏误分析是通过研究学生在学习过程中容易犯的错误并分析错误产生的原因，从而掌握学习第二语言的过程与规律的方法。要想知道什么是偏误分析，必须先了解什么是偏误。科德把学习者所犯的错误分为两种：一种是失误；另一种是偏误。失误是偶然的，不知道什么时候会发生，是说话者在说话过程中受生理或心理的某些因素影响而产生的。比如，在一次大会上发言，发言者本来想说"小红"，结果由于紧张说成了"小王"，这种错误就是失误，失误是无法预料的，也没有什么规律。失误一旦产生可以立刻改正，但是不能确定这种事情是否会再次发生。失误不代表说话者的语言能力有限，所以不必重点研究，但不能忽视这个问题。而偏误和失误不同，偏误是指由于目的语掌握不好而产生的一种规律性错误，反映了说话者的语言水平，并且这种偏误如果不注意，习惯之后很难改正。

偏误分析的心理学基础是认知理论，语言学基础是乔姆斯基的普遍语法理论。第二语言习得过程被看作规则形成的过程，即学习者不断从目的语的输入中尝试对目的语规则做出假设，并进行检验与修正，逐渐向目的语靠近并建构目的语的规则体系。科德是偏误分析的最早倡导者，他认为偏误分析有如下作用：

（1）教师通过偏误分析可以找到学习者在学习过程中容易犯的错误，了解学习者的学习水平，适时地调整教学进度。

（2）研究者通过偏误分析可以了解学习者学习目的语时采用的方法和策略。

（3）学习者通过偏误分析可以更好地检验对所学的语言规则做的假设。

早在 20 世纪 60 年代，人们就开始了对第二语言学习者的错误的分析研究。我国对外汉语教学工作者在对外汉语教育上有很大的成就，他们也从 20 世纪 60

年代就开始进行对外汉语研究，对外国学生学习汉语的病错句进行了收集、整理和研究，并出版了很多相关书籍。但是，当时我国研究者的研究范围比较狭窄，只是把学习者的病错句与目的语的标准形式进行词汇学、句法学的对比，指出其结构上或语义上的错误并做出语言学的解释，未涉及学习者的心理因素和学习规律。我国对外汉语教学界对中介语理论指导下的偏误分析的研究是从鲁健骥于1984 年发表《中介语理论与外国人学习汉语的语音偏误分析》一文开始的。数十年来，对外汉语教学界已发表了 4 000 多篇与偏误分析有关的文章，涉及对外汉语语音、词汇、语法等方面。与此同时，美国、英国等国的学者在汉语偏误分析方面进行了很多研究工作。

（二）偏误分析的具体步骤和偏误的分类

科德把偏误分析分为五个步骤：

（1）搜集供分析的语料。从第二语言学习者的口头和书面表达中或听力理解中选择供分析用的语料。

（2）鉴别偏误。做好对有规律性偏误与偶然失误、结构形式偏误与语用偏误的区分。

（3）对偏误进行分类。

（4）解释这些偏误产生的原因。

（5）评估偏误的严重程度。

前面提到了对偏误进行分类，那么偏误到底该如何分类呢？传统的分类方法是按照语法、语音、词汇、语序等不同方面的偏误分析。这种分类方法是课堂教学中最常见的一种方法，也是使用最广泛的一种，但是这种分类方法存在很大的弊端，即只着眼于语言形式，往往忽视了语言交际方面的偏误。为了避免这种弊端，可根据偏误的严重程度对偏误进行分类。如果只有句子的一小部分是错的，整个句子的意思还是可以理解的，那么这就不是十分严重的偏误，可以将其称为局部性偏误；如果整个句子的意思受到了影响，使人产生了误解，那么这种偏误则被称为整体性偏误。另外，偏误还可以分为语内偏误和语际偏误。第二语言学习者在学习过程中因对目的语规则掌握不全面或因错误推断而造成的偏误可称为语内偏误；由于第一语言的干扰造成的偏误则称为语际偏误。也有的学者认为，应当区分理解偏误与表达偏误。理解偏误往往表示学习者对某一语言规则并不了解，这类偏误较为严重，需要及时纠正；表达偏误不一定是对该规则不了解，可能有一些其他因素，如因交际中的快速反应而监控不够，也可能是一定的学习策略或交际策略造成的，对学习者适当提醒就可以。同样，区别对待口语中的偏误和书面语中的偏误是很必要的。在口语交际中一般是边想边说，来不及监控，出现一些语言形式的错误是难免的；书面表达中的偏误是在有充分的考虑时间并在语言知识的监控下出现的，这类偏误常常可以反映出学习者的实际语言能力。

科德提出显性偏误与隐性偏误的分析方法：如果一个句子在结构上有明显错误，就是显性偏误；如果一个句子的语法没有问题，只是在特定的场合不适合说，就是隐性偏误。科德还根据中介语的发展过程将偏误分为了三类：

（1）前系统偏误。前系统偏误是指目的语的语言系统形成之前的偏误。学习者正在学习和理解目的语，但尚未掌握目的语的规则和系统，仍处于摸索的阶段，因此出现较多的偏误。对这些偏误，学习者无法解释，更不能自行改正。

（2）系统偏误。系统偏误是指学习者在第二语言习得过程中正逐渐发现并形成目的语的规则和系统，但还不能正确地运用这些规则，因而出现的规律性的偏误。学习者对偏误不能自行改正，但可以做出一些说明，解释为什么要这样使用。

（3）后系统偏误。后系统偏误是指目的语系统形成后的偏误。学习者基本上掌握了有关的语言规则，一般能正确地运用，但有时会因用错而出现偏误。在这种情况下，学习者能自己改正偏误，也能说明原因。

（三）偏误的来源

学习者学习第二语言产生偏误的原因有很多因素，这里就母语负迁移、目的语知识负迁移、文化因素负迁移、学习策略和交际策略的影响、学习环境的影响五个主要方面做简略分析。

1. 母语负迁移

学习者在不熟悉目的语规则的情况下，只能依赖母语知识。因此，同一母语背景的学习者往往出现同类性质的偏误。母语负迁移又特别体现在目的语语音的学习中，用学习者第一语言的语音规律代替目的语的语音规律是中介语语音的一大特色。比如，很多母语为印欧系语言的学生不分送气音与不送气音，日本学生不分 p 和 f，都是受其第一语言的影响。

2. 目的语知识负迁移

学习者把自己所学的有限的、不充分的目的语知识用类推的办法不适当地套用在目的语新的语言现象上，造成了偏误，也被称为过度概括或过度泛化。这种偏误一般不会发生在初学者身上，而常会发生在已经学了一段时间或者很长时间的人身上。表现在发音方面，如字母 ü 在与 j、q、x、y 等音节的拼写中上边的两点要省去，学习者常常把这些音节中省去两点的 ü 读成 u。

鉴于中文和英文在很多方面都有较大的不同，中英互译和迁移过程中也会有大量偏误。由于思维固定，理解能力弱，有些学习者无法正确运用新学的语言规则，过度泛化造成了很大的偏误。解决这类新问题正是偏误分析的独特作用。

3. 文化因素负迁移

有的偏误不完全是语言本身的问题，文化差异也会造成语言形式或语言使用上的偏误。追根究底，不外是受本国文化的影响，或是由于未能正确理解目的语文化造成的。比如，外国学生并不理解中国人的姓名是姓在前名在后，他们按本国的习惯误认为名在前，姓在后，在称呼他人时经常闹出笑话。

4. 学习策略和交际策略的影响

学习者作为语言学习和语言交际的主体，在学习和运用语言的过程中，应积极主动参与，主动克服困难，采取各种策略，以达到有效学习和顺利交际的目的。这里的策略包括学习策略和交际策略。对学习者学习策略和交际策略的研究是第二语言习得研究的一个重要课题，这里只是从偏误分析的角度对可能成为偏误来源的某些学习策略和交际策略做一说明。

造成偏误的学习策略主要有迁移、过度泛化和简化。迁移主要指学习者在遇到困难的情况下求助于已知的第一语言知识去理解并运用目的语，有可能由此而产生偏误；过度泛化主要指学习者采用推理的方法把新获得的目的语知识不适当地扩大使用而造成偏误。这两类偏误实际上就是前边已经提到的母语负迁移和目的语知识负迁移。简化主要指学习者故意减少他们认为的目的语的冗余部分，或者将带状语、定语成分的复杂句子分成几个简单的句子。

造成偏误的交际策略有很多，这里重点提一下回避和语言转换。回避是第二语言学习者经常采用的策略，是指在对某一语音、词汇或句式甚至某一话题感到没有把握时，就尽量避免使用的策略。回避的方法可能是保持沉默，但更多的是采用代替的办法，以简单的句式代替复杂的句式。而代替的结果往往不能准确地表达原来的意思。语言转换是指学习者觉得无法用目的语说清楚时，就借助第一语言，在目的语中夹杂一两个第一语言的词，特别是当学习者知道教师或对话者也懂他的第一语言时，就更容易采取这一策略。这种夹杂着其他语言的句子也是一种偏误。

5. 学习环境的影响

除了上面所谈的属于学习者方面的因素外，外部因素也是偏误产生的原因之一。这里所说的学习环境的不良影响主要是指教师不够严密的解释、引导，不正确的示范，教材的科学性不强或编排不当，课堂训练的偏差，等等。很多语法点、句型也由于课堂训练不当而引起偏误。比如，有的教师常要求学生反复进行把非"把"字句改成"把"字句（或者相反）的练习，这种脱离语境方式的训练给学生留下的印象是用不用"把"字句表达的意思都是一样的，所以学生对待"把"字句常常采取回避的策略。

（四）对待偏误的态度

在如何对待学生的偏误问题上，一直存在两种完全不同的观点。一种观点是从消极方面看待偏误。行为主义强调学生务必养成正确的语言习惯，偏误问题对培养学生正确的语言习惯是十分不利的，必须避免出现偏误问题。对已出现的偏误问题则要做到有偏必纠，不能放过任何一个偏误问题，以免养成错误的行为习惯。因此，纠正偏误就成为课堂教学的关键环节，教师要想方设法地把偏误扼杀在摇篮里。另一种观点（如内在论）认为偏误是走向完善的路标，是学习过程中必须出现但又会自然消失的一种现象，类似小时候学习母语的状态，发展到一定程度便会自动克服偏误，所以对偏误问题大可不必在意，更没有必要纠正。为了鼓励学生大胆表达，有的教师面对学生出现的偏误问题采取能不纠就不纠的态度。这样就形成了两个极端。中介语理论和偏误分析教会了我们该如何正确对待学生的偏误问题。

1. 全面认识偏误的本质

首先，要看到偏误的积极意义，不应像对比分析那样认为偏误是学习者无法控制第一语言习惯的顽强表现，把偏误看作学习上的失败表现，而应看作学习者尝试过程的反映。根据中介语理论，第二语言学习者在不断地、积极地建构目的语规则体系，与儿童习得母语一样，也是根据接触的语言输入，采取种种学习策略和交际策略，对目的语的规则做出假设并检验其正确性。当学习者的假设与目的语的体系相符时，就形成了中介语中正确的部分；当假设与目的语体系不符时，就出现了偏误并成为中介语中错误的部分而被学习者抛弃。因此，偏误的出现是学生在学习过程中的正常现象，反映了学习者的目的语体系（中介语）的发展过程，也反映了学习者的学习心理过程。

其次，对偏误在交际中产生的影响也要实事求是地看待。第二语言学习者追求的应是成功的但不一定完美的交际。许多第二语言学习者有可能一辈子使用的交际中介语都是带有偏误的，而且在大部分情况下交际都很成功。这是因为在语言交际的过程中双方相互接近和文化的求同趋向，所以才会使交际成功进行。同时，这充分证明了不是所有的偏误在交际中对信息的传达和理解都是不利的。例如，个别语音的偏误对交际产生的影响很小，但全面性的语音和声调的偏误就会对信息的传达产生很大的影响，不利于交际的正常进行；词汇方面的偏误比语法方面的偏误对交际产生的影响大；整体性偏误比局部性偏误的影响要大得多。偏误的严重程度不能只根据单独的句子在语言学上的分析来判断，更要看到它在一定的语言环境中起的作用，语言环境常常有利于减小偏误的影响。很多研究表明，如果话语不够流利，那么对交际产生的影响比某些偏误更严重。

那么，该如何对待偏误问题呢？其实，偏误是第二语言学习过程中无法避免的现象，始终贯穿在整个学习过程中。学生正是经历了不断克服偏误的过程学会语言的。教师面对学生的语言偏误没有必要如临大敌，也不用过分挑剔，鼓励学生大胆地进行语言交际才是当务之急。另外，强调偏误的不可避免性和它对认识习得过程的意义，强调实事求是地评价偏误对交际的影响，并不意味着教师对学生的偏误可以不闻不问。恰恰相反，教师的责任之一就是帮助学生纠正偏误。根据中介语理论，并非所有的偏误都会自行消失，有些偏误可能产生僵化的现象。因此，教师纠正学生的偏误有利于加速中介语的发展，促进第二语言的学习。而且事实上，学生还是希望自己的偏误得到纠正的。

2. 预测并研究偏误的来源

借助偏误分析，教师能够提前感知学生可能产生的偏误及其来源，从而在教学过程中掌握主动权，保证从一开始提供的示范就是正确的，让学生进行有价值的模仿、记忆和运用，最终引导学生克服偏误。在对偏误的预测和研究方面，偏误分析和对比分析起的作用都很大。

3. 对偏误的纠正要保持科学的态度

纠正学生的偏误时不可以采取有错必纠的机械态度，也不能采取能不纠就不纠的宽容态度。正确的方式是先分析偏误的性质是属于整体性的还是局部性的，是口语中的偏误还是书面语的偏误，是理解上的偏误还是表达上的偏误，只有这样才能区分纠正偏误的轻重缓急。然后，分析偏误发生在什么场合，以便采用不同的纠正方式：对在对语言形式进行训练时，语音、词汇、语法的偏误都要严格纠正；在进行交际性练习（如演讲、对话等）时，尽量不要当场纠错，以免影响学生的交际活动。可以先把偏误记录下来，事后再给学生指出。不管方法如何，纠正偏误一定要合理，不能挫伤学生的积极性，不要因纠错使学生心理紧张，更不能伤害学生的自尊心。最好的办法就是引导学生自己发现并改正偏误。

（五）偏误分析的意义与局限

作为一种理论和研究方法，偏误分析在第二语言习得过程的研究中具有重要意义。

（1）偏误分析和对比分析是继承和发展的关系。对比分析只注重第一语言干扰的局限，在中介语理论影响下，偏误分析打破了这一局限，指出过度泛化等语内干扰以及学习策略、交际策略、学习环境也会造成偏误，弥补了对比分析的不足，对学生的偏误及其来源进行了全面分析，逐步形成了一套科学的偏误分析方法与程序，这是第二语言习得研究中的重要部分。

（2）偏误分析改变了人们对语言学习过程中出现的偏误的本质的认识。以前，学生总是把偏误看成消极因素，需要防范、避免，如今学生开始认识到偏误的积极意义，把偏误当作了解第二语言习得过程和习得规律的窗口，把偏误分析当作研究中介语理论的重要方法。

（3）偏误分析对习得过程和习得规律的研究完善了第二语言教学理论，推动了第二语言教学的发展。偏误分析的研究成果为整个教学活动（如总体设计、教材编写、课堂教学、测试等）提供了积极的反馈和依据，有利于教学实践的改进。

偏误分析也存在一些局限性，具体如下：

（1）很难界定正确与偏误的区分标准。人们通常都是以目的语国家说本族语者的规范的语言作为标准的。从课堂教学的目的看，这不难理解。但是，如果将其作为鉴别交际中使用语言正误的标准，则会遇到各种难以解决的复杂情况。首先，根据社会语言学的观点，语言在实际运用中会产生很多变体，这在该语言使用的地区一般来说都是合法的、有效的，正误很难区分。其次，学生学习第二语言的目的也是不同的，不是所有的人都渴望达到目的语国家电台播音员的水准的。从社会心理学的角度分析，有些第二语言使用者经常故意显示外国腔调，以表明自己不是目的语国家成员的身份。第二语言使用者之间用目的语进行交际时，往往不愿意使用太地道的目的语，尤其在语法和文化方面。

（2）目前，各种偏误的研究情况很不平衡。对语音、语法、词汇方面规则的研究较为系统，偏误也容易辨认，这方面的偏误分析较多。而对语用和文化方面规则的研究还远远不够，这方面的偏误分析较少。对语言理解的偏误研究也较少，对语言表达的偏误分析研究则比较多。对于学生而言，对由于采取了一定的交际策略而造成的偏误的研究则更少，主要是因为对这方面的理论探讨不够深入，具体进行偏误分析的难度较大。

（3）对偏误来源的分析本是偏误分析的一大特点，但这方面的研究并未深入下去，陷入了公式化，硬套偏误的五个来源对指导教学与学习实践的意义微乎其微。另外，偏误来源的问题本身就很复杂，很多时候是多方面因素共同作用的结果，无法确定为某一种来源。还有一些偏误的来源本来就很难说清楚。而且，人们习惯使用的迁移、泛化、简化等概念都有交叉部分，很难明确区分。

（4）偏误分析有一个很大的弱点就是只研究中介语的偏误部分，而且是横切面式的静态分析，并未研究中介语的正确部分。因此，只能了解学生没有掌握的部分，而不能了解学生已经掌握的部分。这就割裂了中介语体系，人们没办法了解中介语的全貌和发展轨迹。这种对中介语的研究是不全面的，也无法完整地了解第二语言习得过程。

偏误分析有一定的局限性，不是说它没有意义，而是要使它融入更大范围内对中介语进行分析的"运用分析"之中。

三、运用分析和话语分析

20 世纪 70 年代，随着偏误分析的局限性越来越多地暴露出来，人们才开始重视对第二语言习得运用分析与话语分析的研究。

（一）运用分析

运用分析是对第二语言学习者运用目的语的所有表现进行分析，进而揭示中介语的发展轨迹。迄今为止，西方学者对运用分析的研究主要集中在对英语语素习得顺序和英语某些句法结构发展进程的研究。20 世纪 70 年代初开始的语素研究是最早的运用分析研究。伯特、杜雷、克拉申等人在英语语素习得顺序的实验中运用了双语句法测量法，即研究者在与被试者的自然会话中使用彩色漫画诱导被试者回答问题时运用某一目的语结构或语素，根据被试者不同的回答情况进行评分。这一实验的假设是使用得越准确的语法项目就是越早习得的项目。因为这一假设本身是否成立目前仍存在一些争议，所以与语素习得顺序有关的实验结论也有人怀疑，但是从实验过程看，研究者的关注重点不再局限于学生的偏误，而是语言运用的全貌。对英语某些句法结构（如疑问句、否定句、关系从句等）发展过程的研究主要采用对一个或数个被试者的语言运用情况进行较长期的跟踪调查的方法。这种纵向调查的方法是按照一定的间隔记录被试者运用目的语的使用情况，根据半年或一年跟踪所得的资料分析该语言结构的发展阶段和进程。拉万在 1968 年和 1970 年对一个说挪威语的孩子进行的英语否定句和疑问句的跟踪调查是这方面最早的研究。1974 年，米龙对一个以日语为母语的七岁儿童进行了跟踪调查，多次调查结果表明，不同母语背景的第二语言学习者学习英语否定句、疑问句的发展进程和以英语为母语的儿童学习该句型的发展进程非常相似。迄今为止，这一结论仍是第二语言习得研究中最重要的发现之一。

中国学者在 20 世纪 80 年代大量进行偏误分析研究的基础上，于 20 世纪 90 年代初开始了运用分析的研究，主要研究汉语作为第二语言的习得过程。北京语言大学的一批学者最先成为这一领域的探索者，他们发表了一批数量不多但极富开创意义的观点。孙德坤首次对外国学生采用个案跟踪法进行了纵向研究，阐述了两个以汉语作为第二语言的学生学习助词"了"的过程以及影响这一过程的因素。王建勤首次通过对北京语言大学"中介语语料库系统"大批语料的研究探讨以英语为母语背景的汉语学生群体"不"和"没"否定结构的习得全过程，并在 1996 年发表了《"不"和"没"否定结构的习得过程》，论述了从"不"和"没"否定结构习得的过程中体现的习得有序性，重点论述了谓词否定与助动词否定习得过程体现的习得的阶段性特征以及"不"和"没"的扩散过程体现的规则习得的过渡性特征，并得出一个结论：汉语否定结构的学习过程是按照一定的习得顺序进行的，这一习得顺序又反映了否定结构习得的难易顺序。赵立江首次进行了纵向个案跟踪与横向规模调查相结合的研究，在 1996 年发表了《外国留学生使用"了"的情况调查分析》，再次论证了以汉语作为第二语言的学生在习得的不同阶段对"了"的掌握程度和使用情况，并使用中介语理论初步分析了调查结果。施家炜于 1998 年发表的《外国留学生 22 类现代汉语句式的习得顺序研究》是目前为止规模最大的一次对汉语肯定句式和疑问句式习得顺序的综合研究。该课题研究使用了测试和问卷调查、语料分析、个案跟踪三种语料收集方法和研究方法，对留学生 22 类现代汉语句式的习得顺序进行了全面的、横向与纵向相结合的深入研究，在对预期假设进行检验的基础上提出了"外国留学生汉语作为第二语言习得顺序理论假说"和"自然顺序变体理论假说"，并深入探讨了自然顺序及其变体、习得顺序、习得等级的成因及制约因素。1999 年，王建勤又发表了《表差异比较的否定结构习得的分化过程》一文，通过对第二语言习得者"和/跟……不一样"的差异否定结构及功能的过程（简单表述阶段—分化阶段—整合阶段）的描述与分析进一步论证了学习过程中学生的简化策略、语境认知与模板制作机制、外化过程的心理机制、策略取向等理论问题，检验并补充了西方学者提出的观点。同年，孙德金在文章中将汉语体系标记"了、着、过"放在一起进行了研究，重点强调动词语义特征及句法结构对习得的影响。发表于 1999 年的这两篇文章标志着通过运用分析对汉语习得过程研究的进一步深入。除了以上研究外，北京大学钱旭菁在 1997 年发表的《日本留学生汉语趋向补语的习得顺序》是我国第一篇直接研究外国留学生汉语习得顺序的文章，主要运用横向规模调查的方法，通过日本留学生不同阶段掌握汉语趋向补语的准确度探讨趋向补语的习得顺序，并指出该语法结构的教学顺序。

虽然西方学者对英语习得过程的研究要比我国对汉语习得过程的研究提前了至少 20 年，但是如今汉语习得过程的研究课题已经在我国启动，并且势头较猛，引起了对外汉语教学界的重视。由此可见，未来对外汉语教学界在这方面的研究会有更多的成果，从而影响整个第二语言习得过程的研究。

（二）话语分析

与对比分析和偏误分析不同，运用分析在第二语言习得研究中展现了很大的优势，但运用分析也存在一定的局限性：只侧重语言结构，脱离了语境，甚至忽略了直接引起学习者语言行为的语言输入，不能对学习者的语言表现进行全面分析。有些学者认为，要想对第二语言的习得过程和中介语的特征进行全面研究，仅靠以研究学习者一方的语言表现为目的的运用分析是不够的，必须进行以研究语言交际活动中双方应接的连贯表达为目的的话语分析。20 世纪 70 年代末，哈奇大力倡导将话语分析运用于第二语言习得研究中。她认为语言交际才是语言习得最重要的方式，即第二语言学习者与以该语言为母语的人之间的交谈至关重要。还有一些学者认为，不仅要研究学习者如何掌握语言形式，还要研究如何恰当地运用这些形式，因而强调研究言语行为和功能（如抱歉、邀请、埋怨等）。对语言形式和功能的重视开拓了话语分析研究的广阔领域。比如，与外国人谈话的话语研究——着重研究说母语者在与该语言的学习者交谈时如何调整自己的话语以及这种调整对第二语言习得的影响；连贯与衔接——研究如何在超句子的系统中实现连贯与衔接；交际策略——研究第二语言学习者在未获得目的语完整知识的情况下，为进行交际采用何种补偿策略；语境分析——研究语境对语言形式的影响；课堂话语分析——研究第二语言课堂中教师与学生、学生与学生之间的交互活动；话语功能分析——研究学习者如何运用已掌握的目的语句法的初步知识，在口语表达中完成话语功能；言语行为分析——研究某一言语行为是如何在语言中实现的，常根据某一功能在学习者的母语和目的语中是如何实现的分析第二语言习得过程。在上述各类研究中，西方学者自 20 世纪 70 年代至今取得了一些成果，但还只能算是初步的成果。我国运用话语分析进行汉语作为第二语言习得过程研究的学者目前还不多，但这个问题已愈来愈引起大家的重视，不少学者开始关注这方面的研究。

以上分析了研究第二语言习得过程从对比分析到话语分析的发展情况。对比分析始于 20 世纪 50 年代，偏误分析、运用分析和话语分析则是 20 世纪 70 年代之后兴起的，它们之间有很多的重合点。事实上，每种分析模式的特点都不一样，在研究第二语言习得的过程中贡献都很大。值得注意的是，在话语分析问世后，又出现了"对比话语分析"，这不能看作一种循环，而是说明每种分析模式都在发挥着积极的作用。它们之间的关系是后者包括前者，如对比分析可以解释偏误分析里的一部分偏误来源；作为学生语言运用的一部分，偏误分析在运用分析中同样发挥着一定的作用；而学生的全部语言运用又必须在话语分析的考虑范畴内。不管怎样，这些分析模式都是中介语研究的重要方法，未来研究的重点是运用分析和话语分析。

第二节　学习者的个体因素

第二语言学习有普遍规律，影响学习者学习目的的个体因素包括生理因素、认知因素、情感因素等。

一、生理因素

生理因素与语言习得有关，集中在语言习得的年龄问题上。针对第一语言习得，人们提出了母语习得的关键期假说：人的大脑从 2 岁至 12 岁处于语言功能侧化过程中，具有可塑性，能自然地习得母语。第二语言学习中也运用了这个假说，但至今仍有很大的争议。

二、认知因素

语言习得的认知因素主要包括智力、语言学能、学习策略和交际策略。

（一）智力

智力主要指人们认识客观事物并运用知识、经验等解决问题的能力，如记忆、观察、思考、判断等。智力在第一语言习得的过程中不是决定性因素，因为只要不是智障者，任何儿童都能掌握自己的母语。

在自然语言环境中习得第二语言，智力没有太大的影响，但在正式的课堂教学中，特别是强调语言形式教学时，智力起较大作用。研究成果还进一步表明，智力对正式学习中的阅读能力、写作能力的提高以及语法和词汇的学习有较大的影响，而对听力、口语能力的影响要小得多。上述结论都还有待进一步验证。

（二）语言学能

通常情况下，认知能力可以促进语言的学习。不过有些情况让人们难以捉摸：有的学生几乎所有科目都学得不错，唯独外语学的不是很好，这说明外语学习需要一些特殊的素质。这种特殊认知素质叫作第二语言学习的能力倾向，也称语言学能。卡罗尔认为，语言学能测验能够检验四种能力。这种测验常使用人们不熟悉的语言进行。

（1）语音编码解码能力。语音编码解码能力是指识别语音成分并保持记忆的能力。

（2）语法敏感性能力。语法敏感性能力是指识别母语句法结构和语法功能的能力。

（3）强记能力。强记能力是指在较短时间里能迅速记住大量语言材料的能力，特指记住大量新语言的能力。

（4）归纳能力。归纳能力是指从不熟悉的语言素材中归纳句型和其他语言规则的能力。

（三）学习策略和交际策略

学习策略是学习者为有效地掌握语言规则系统、增强语言表达能力、解决学习中遇到的问题而采取的各种方法和技巧。调查显示，学习者都有一套规律性的学习策略。根据最早研究学习策略的茹宾提出的六种认知学习策略，可以将第二语言学习的一般性策略概括为以下几个方面：

（1）求解。学生必须先理解接触的新语言材料，运用已有的语言知识和具体的语言情境进行猜测，并通过各种办法证实其提出的假设。

（2）推理。为内化规则，学生往往通过原有的知识和新获得的语言知识进行概括推理、演绎推理、分析、归纳等思维活动。这一过程中采用的策略可能会导致偏误的迁移、简化和过度泛化。

（3）实践。学生通过大量练习或言语交际活动，从模仿、重复、记忆到运用，熟练地掌握目的语。

（4）记忆。学习一种语言离不开记忆，不论运用何种方式，如记笔记、朗读、复述、比较、组织、复习等，学生都必须记住所学的规则和语言材料。

（5）监控。学生发现自己在语言方面或交际方面的错误并及时改正。

（四）交际策略

交际策略是学生为顺利进行语言交际活动而有意识采取的措施和方法，是语言使用者交际能力的一部分。西方学者对学生的交际策略进行了分类，大体分为以下几种策略：

（1）回避。回避某一话题或放弃表达某一信息。

（2）简化。缩减目的语的形式和功能。

（3）语言转换。在目的语中夹杂母语。

（4）目的语母语化。用母语的语言项目或规则表达目的语，从而形成母语式的目的语。

（5）母语直译。把母语直译成目的语。

（6）语义替代。用比较熟悉的同义词进行近似表达。

（7）描述。用一段描述或解释迂回表达某一意义。

（8）造词。新造目的语中原本并不存在的词语。

（9）重复。不断重复对方听不明白的部分，希望对方能够听懂或争取时间想出其他表达方式。

（10）使用交际套语。使用大脑中储存的一些固定说法，如"尊姓大名""哪里哪里""一路顺风"等。

（11）利用交际环境。良好的交际环境有利于意义的表达。

（12）等待。当不知道如何应对时，在记忆中检索。

（13）体势语。

（14）使用其他语言。不使用母语或目的语，而运用其他语种。

（15）向对方求助。直接要求对方解释或重复，也可以通过停顿、眼神交流等方式向对方求助。

三、情感因素

情感因素在第二语言习得中发挥着非常重要的作用。情感因素主要指动机、态度和性格。

（一）动机

从不同角度对动机进行划分，可分为以下几种。

1. 根据学习动机的内外维度，可分为内部动机和外部动机

内部动机是指由于人们对学习本身感兴趣而引起的动机，目的是获得知识。因为行动本身就是一种动力，所以不需要通过外界的诱因、惩罚使行动指向目标。比如，有的学生喜爱汉语，他便会在课上认真听讲，课下刻苦钻研。

外部动机是指由于人们对学习带来的结果感兴趣而引起的动机。比如，有的学生是为了取悦家长，有的学生是为了将来能找一份好工作，还有的学生是为了了解中国文化，等等。

2. 根据动机行为与目标的远近关系，可分为远景性动机和近景性动机

远景性动机是指和长远目标相联系的动机；近景性动机是指和近期目标相联系的动机。比如，在确定选修课程时，有的学生能够考虑今后走上社会、踏上工作岗位的需要，有的学生只关注眼下是否能够应付考试，他们的选课动机分别属于远景性动机和近景性动机。

远景性动机和近景性动机具有相对性，两者可以在一定条件下相互转化。远景目标包含许多近景目标，近景目标会服从远景目标，最终实现远景目标。对远景性动机和近景性动机的辩证关系可以理解为"千里之行，始于足下"。

3. 根据行为动机对象的不同，可以把学习动机分为普遍型学习动机和特殊型学习动机

对外汉语教学中存在以下情况：有些学生对和汉语有关的对象有学习动机，除了认真学习那些知识性的学科外，他们还对与中国文化相关的京剧、武术、风土人情和生活方式表现出了强烈的兴趣；不过有些学生只对口语和阅读有学习动机，对其他的基本不感兴趣。前者学习行为背后的学习动机，可以称为普遍型学习动机；后者学习行为背后的学习动机，可以称为特殊型学习动机。

4. 学习动机可以按照其地位和影响力的强弱分为主导型动机和辅助型动机

前者指的是对行为具有支配型作用的动机，后者则指的是对行为起辅助作用的动机。如果主导型动机和辅助型动机之间的关系较为一致，就可以增强活动动力；如果两者产生冲突，就会削弱活动动力。通常情况下，在同一时期，每个学生身上只存在一个主导型学习动机，而辅助型学习动机则可能会有很多，而且这些辅助型学习动机的强度和稳定性也都不尽相同。

5. 融合型动机和工具型动机

前者指的是建立在和目的语人群进行交流的需要的基础上的动机性学习，后者指的则是希望能把目的语作为自己生活中可以利用的一部分而进行研修学习的动机，如寻找工作，提高自己的知识水平，提高自己的社会地位，等等。只是依

靠兴趣爱好的动机往往不会保持长久，如果在学习中遇到一些困难，兴趣也就消退了。比如，外国人对汉字的神秘感会随着他无法学会汉字的书写而减退。对于第二语言教学而言，如何不断激发学生的学习动机成为至关重要的问题。

（二）态度

态度是指某个个体怀揣个人动机和考量，基于自身对某种事物具备一定程度的了解的基础上，对该种事物的界定。以下几个方面能够影响学习态度。

1. 对目的语社团和文化的态度

对目的语所处的社会环境和精神文明具有强烈的好奇和向往，这种情况下形成的态度对学习目的语是非常有帮助的。如果对目的语文化心存反感甚至是仇视的态度，那学习态度就不可能是积极的。

作为第二语言教学权威人士，加拿大杰出教学法专家斯特恩将态度划分为五个等级：①非常正面，即迷恋、整体的羡慕；②正面，即理解和同情；③中立，即了解，对此文化的态度不偏不倚；④负面，即对此文化持批评和负面的态度；⑤非常负面，即敌视，对该文化抱有很强的偏见。

2. 对目的语的态度

对所学语言保持积极热情和健康态度的人，能够在学习中获得更多的乐趣，会认为这种语言语句优美，结构规整，表达方式多样，这样产生的学习乐趣也会越来越多。反之，如果觉得所学语言难听，语法过难，学习费劲，就会产生畏惧或厌恶的心理，采取消极应付或者干脆放弃的态度。

3. 对课程、教学人员、教材的态度

一般来说，学生在课上的表现能够直接影响语言学习的态度，因为学生在课上的感悟和体会更能够直接作用于语言学习的态度。因此，学生对语言学习的态度是可以依靠调整课堂内容和授课方法改善的。

（三）性格

性格特征对第二语言习得的影响是公认的。个性特征是重要的情感因素。这里主要讨论内向和外向、自尊与抑制、冒险精神、焦虑和移情、模糊容忍度这几个主要个性特征。

1. 内向和外向

心理学中的性格分为不爱说话的内向性格和乐于交际与表达的外向性格。内向性格主要体现在不善于交际、不爱说话、不爱表达等方面。外向性格则体现在热情、活跃、乐于交际等方面。通常具有外向性格的人更有利于进行第二语言的学习，内向性格的人学习第二语言会比较吃力。不过，一些调查结果显示这种看法并不是绝对的，所以不能一概而论，如外向性格的人会获得更多的实践机会、更多的第二语言输入、更多成功交际的体验；内向性格的人在读写方面花费的时间更多一些，在发展认知性语言能力方面就会做得更好。

其实，对内向性格和外向性格的区分很难，只有少数人的性格表现突出，区分明显，大部分人都介于两者之间，在有些方面显得外向，而在另一些方面又变得内向。刘润清的"大学生性格因素对英语学习的影响"调查报告中显示，外向型学生只约占总人数的11%，内向型占约30%，而内向型、外向型不明显的学生则占58.6%。

2. 自尊与抑制

自尊心来自个人对自身能力和水平的肯定或者否定。一个具有很强自尊心的人很容易在自己身上获得肯定和满足。抑制和自尊心关系密切，如果抑制心理过高就不利于第二语言的习得，在学习过程中学习者和教学人员应逐步克服这一心理障碍。

布朗认为自尊包含三个层次：总体型自尊、具体型自尊和任务型自尊。一般认为，总体型自尊是成年人相对稳定的特性。具体型自尊指在某种生活环境中（如社会交往、工作、教育、家庭等）对自己的评估，或者对某些特定能力的评估（如智力、交际能力、运动能力等），或者对一些个人特点（如合群性、移情、灵活性等）的评估。任务型自尊是指具体环境内的特定任务。加德纳和兰伯特认为在第二语言习得中，自尊是一个重要的可变因素。尤其是在第二语言跨文化因素的学习中，自尊与学习成功存在互动的关系，自尊程度较高，有利于促进学习成功，成功的感觉又可以增强自尊心。在自尊得到保护和鼓励的情况下，学习的认知活动是最有效的。成功的体验可以促进进一步的成功，而不断的失败则会使学习者的自尊受到伤害，导致最终的失败。外语教学人员要学会寻找学习者的优点，要让那些自以为是的学生认识到自己也存在缺陷，引导学生正确地评价自己，要适度地向学生提供通向成功的机会，增强学生的自尊心。

3. 焦虑

焦虑是一种性格特征。具有这种性格的人在做事之前和做事之后都会焦急和担心。

在分析焦虑对外语学习的影响时，斯科维尔（1978）运用了阿尔伯特和哈伯提出的促进性焦虑和退缩性焦虑。促进性焦虑能够帮助学习者产生动力，接受新的学习任务，促使学习者做出额外的努力以克服焦虑的感觉。退缩性焦虑则会让学习者逃避学习任务。威廉认为，这两种类型按焦虑强度进行区分，低度焦虑状态有促进作用；高度焦虑则有耗损作用，会对语言学习造成恶性循环。焦虑导致学习者变得紧张和害怕，紧张和害怕就会消耗他们的精力和降低他们的注意力，进而减少用于思考和记忆的能量，语言储存和输出效果也会大打折扣，然后就会更加焦虑。

4. 冒险精神

茹宾把敢于猜测、为了交际不怕丢丑、愿意运用已有的目的语知识创造新的表达方式等归为优秀语言学习者的特征。毕比认为这些特征就是冒险精神，而且他认为冒险精神在课堂上和自然环境中都非常重要。布朗同样认为冒险精神是第二语言学习成功的关键因素。毕比的研究结果表明，适度的冒险精神有利于促进外语学习，成功的外语学习者不会做无谓的冒险，也不会做根本不可能成功的事情。

外语学习者具有一定的冒险精神对他们参与更多的语言运用实践和获得更多的练习机会都很有帮助。教学人员要鼓励学习者大胆实践，积极参与语言活动，对那些不遵守目的语习惯和规则、胡乱编造语句的学生一定要进行正确的引导。

5. 移情

移情就是换位思考，站在对方的角度考虑对方的做法。这样的做法在人类社交关系中具有较强的实用性，在一定程度上可以化解矛盾，消除隔阂。

移情给外语教学提供了这样一些建议：首先，学生有必要明白其本身的语言思维模式对第二语言学习的不利影响，不要让母语对第二语言的学习产生干扰。对于儿童而言，要充分发挥他们语言思维模式的优势，引导他们大胆尝试使用第二语言进行交际。其次，要把文化融入第二语言教学中，提高学生的跨文化交际能力。最后，针对学生的语言错误，教学人员要保持宽容的态度，体谅学生在第二语言学习过程中的困难，对学生进行鼓励，充分调动学生的学习积极性。

6.歧义容忍度

歧义容忍度是指对一些无法清晰界定边界和含义的问题的接受程度。一个能容忍歧义的人也更加容易接受那些不容易理解的知识和观点，甚至能够接受那些相互矛盾的思想。反之，歧义容忍度低的人则具有更强的抗拒性，常常采取回避或者不能容忍的态度。

第二语言学习者不仅要对歧义持开放态度，还要有决心深入探究歧义，从而促进语言学习。布朗认为，能容忍模糊的人创造能力更强，更能接受创新精神，在认知上和感情上不容易受模糊和易变的干扰。在第二语言学习的过程中存在很多矛盾的信息，如与本族语言不同的言辞，由于某种"例外"造成内部规则的不一致，整个文化系统与本民族文化系统存在巨大差异，等等。只有具备容忍模糊的能力才能使语言学习获得成功，才有机会在中级阶段解决模糊不清的内容。但是，我们也不可过度容忍模糊，这样会导致囫囵吞枣，无法吸收有意义的内容。例如，不能把语言规则有效地形成一个完整的系统，用死记硬背的办法获得一些没有意义的内容。尽管模糊容忍度低能够消除一些不良习惯，但在感受到心理威胁时就会采取回避的办法，这是不利于外语学习的。

虽然西方学者对个体因素中的认知因素、情感因素、生理因素进行了大量的调查研究，但是结果很不一致，由于缺乏科学的研究方法，这些结果都无法被证实。因为人的情感、认知等方面极其复杂，多个因素同时发力，很难将单个因素专门分离出来进行研究。因此，对很多问题的看法缺乏精确的实验以达成共识，我们很难深刻地理解这些因素究竟对第二语言习得有什么影响。

四、成功的第二语言学习者的学习特点

虽然成功的第二语言学习者的学习特点我们目前还无法知道，但是一些专家在这方面还是做出了以下总结。

（一）茹宾对成功的语言学习者学习策略的归纳

（1）随时准备猜测。

（2）充分表达自己的想法。

（3）不怕出丑。

（4）注意语言形式。

（5）充分利用机会练习。

（6）留意自己和他人所说的话语。

（7）检测语言表达的意义。

（二）艾力斯的观点

艾力斯（1994）进一步指出，成功的语言学习者的学习策略包括五个方面。

（1）关注语言形式。对语言知识比较敏感，把语言当成一个系统，有效地进行跨语言比较，分析目的语，使用参考书，监测和重视语言形式。

（2）关注语言意义。从上下文中猜测意义，并想办法表达自己的意思。可以结合需要进行调整，将重点放在语言形式和语言意义的随时切换上。这种能力是一个语言学习者成功的保证。

（3）积极主动地参与语言学习。系统性强、逻辑清楚的教学人员通常比较受学习者的喜欢，但是学习者不会完全依赖教学人员，习惯把教学人员当成"资料和信息的提供者"。这里的积极参与不光是参与口头交际，许多成功的学习者喜欢在听其他人说时自己在心里默练。

（4）对学习过程有较强的意识。他们知道自己与学习过程的关系并加以思考，根据自己喜欢的学习风格学习，能够调控自己的学习情况并且准确分析自己的学习进步情况和存在的问题。

（5）运用知识评估自己的需求、评价进步情况、调整学习方向。有较强的目的性，可以把控自己的学习，灵活并恰当地运用学习策略。

（三）戴维斯和皮尔斯的观点

戴维斯和皮尔斯认为大多数成功的语言学习者存在一些共同点，如强烈的动机，充分使用分析策略和交际策略进行实践，等等。那些取得成功的外语学习者最大的特点是自动。他们自己决定如何在课外学习，甚至自己决定在课堂内该如何学习，他们并不十分依赖教学人员的反馈和认可。

成功的语言学习者的认知能力都非常好，有强烈的学习动机和学习独立性，在学习过程中，充分利用一切机会进行外语运用实践，既注重语言意义，又不忽略语言形式，折中使用各种策略。

通过对成功的学习者与普通的学习者的语言学习策略进行对比研究之后，学者们发现，大多数学习效果不理想的学习者也都知道并且在使用一些语言学习策略，之所以没有成功，关键在于他们忽视了三方面的问题：①所用策略是否符合自己的特点和目前的情况；②对学习活动的目标不明确，通常都是模糊和盲目的；③无法坚持运用学习策略，想法得不到落实，随着时间的推移，执行力越来越低。

第三节　语言学习的环境因素

　　第一语言和第二语言的学习受环境的影响很大。反应论认为在学习第一语言时，环境决定一切；先天论主要强调先天语言学习机制的作用，但是学习机制也需要在后天环境中通过语言输入进行启动；认知论则注重人的认知能力与环境的相互作用。克拉申的输入假说认为每个学生都能体会语言环境对第二语言习得的重要意义，因此语言学习离不开环境已成为人们的共识。如果不具备学习语言的环境，就不可能学好任何语言。对语言学习环境的研究已成为第二语言习得研究中的关键课题。在教学活动层面上，总体设计、教材编写、课堂教学和测试评估等任何一个环节都需要考虑环境因素。

　　语言学习环境是一个内涵与外延较广的概念。除学习者主体外，和语言学习、运用有关的一切周围事物都是语言学习环境的一部分，如从国家的经济、文化、政治、语言政策、教育政策等宏观语言环境，到使用目的语的社会大环境、课堂学习的小环境都是语言学习环境。接下来我们重点讨论的是社会环境和课堂环境。

一、社会环境对目的语学习的影响

　　第二语言学习包括在目的语社会环境中和在非目的语社会环境中两种不同的情况。第二语言教学和外语教学的主要区别就是是否存在目的语的社会环境。社会环境分为语言环境和人文环境两种，语言环境又包括视觉环境（如报纸、杂志、书籍、电脑、广告和各种标志等）和听觉环境（如广播、电视、电影、戏剧、录像、录音带等）。目的语口语作为最重要的语言环境，正在社会生活中广泛使用。语言环境为学生提供了自然生动、丰富多彩、无穷无尽的语言输入和学习模仿的语言资源。人文环境包括目的语社会的人际交往、风俗习惯、物质文明、文化历史传统以及创造的一切精神文明。因此，目的语环境的有无对语言学习有重要意义。在非目的语社会环境中学习目的语，在语言输入、自然语言资源的提供、语言运用机会等方面都无法与在目的语社会环境中学习相比。

　　社会环境因素从质和量两方面直接影响了学习者语言的输入、内化和输出的过程，也影响了课堂教学中教师采用的教学方法和学生采用的学习策略，最终影响了第二语言的学习效果。

　　在非目的语社会环境中学习第二语言的弱势是有可能在后天弥补的。比如，美国的汉语教学通常利用暑假的空闲时间强化教学，许多著名的中文教育机构都注重营造浓厚的氛围，为学员提供中国的书法、绘画、图片、艺术品、汉语广播、中国乐曲、中国电影和录像。另外，课后也会为学员提供一些和以汉语为母语的人近距离接触的机会，一起参观游览，并且规定在学习期间只能使用汉语进行沟通，禁止说英语。每逢假期，很多学员都会去"中国城"附近的学校学习，暑假学校虽然是一种人为的中文社会，但是确确实实为汉语学习者提供了一个很好的锻炼机会。

在目的语社会环境中学习目的语，也不一定意味着社会环境因素的优势能自动地得到发挥。如果仍采用封闭式的课堂教学，没有很好地把以语言学习为主的课堂教学与社会环境中的语言学习结合起来，没有为学习者提供更多接触社会环境和进行真实语言交际的机会，即使有再好的社会语言环境，也无法充分利用。我国对外汉语教学需要进一步重视社会环境在语言学习中的作用，需要对如何利用社会语言环境的优势进行专门、深入的研究。

二、课堂语言环境与第二语言学习

老师与学生对目的语学习效果的反馈共同营造了一种学习语言的氛围，即课堂语言环境，学生可以利用自己所学的语言和他人进行交流。从古至今，无论是在目的语环境中还是非目的语环境中，学习第二语言都是通过老师的课堂教学实现的，对第二语言的了解和感知也是在课堂学习的环境中获得的。因此，第二语言的课堂教学非常重要。从 20 世纪 60 年代开始，对第二语言课堂中教师和学生行为的研究逐渐成为第二语言习得研究的一个热点问题。但是，对课堂教学与学习的作用，西方学者一直有不同的看法。

（一）"无关联"与"有关联"的观点

克拉申的英语研究显示，英语作为第二语言的习得有固定不变的自然习得顺序，不受学习者年龄和母语背景的影响，甚至和课堂教学无关。除了在有意识地个人管控时可能会有有限的作用外，课堂教授语法规则对学习者在生活和交际中学习和运用这些规则没有影响，上述内容体现了课堂正式教学与第二语言习得"无关联"的观点（non-interface position）。克拉申认为第二语言的学习最重要的不是课堂教学，有的人可以自学第二语言且可以精通掌握，然而有的人就算在课堂上花费较多时间学习语言结构也不能很好地运用第二语言。由此可见，课堂教学对第二语言的学习也不是很重要，这种通过课堂教学传授知识的方式学习第二语言的效果是较差的。克拉申不赞同在课堂上教授语言的行为，他主张让学生们自主学习，在课堂上充分调动自身的积极性，尽可能地深入学习，在学习过程中不断探索、理解所学语言的精髓。

有不少学者觉得这种课堂授课的方式虽然不能满足学习者的需求，对学生的语言习得顺序不起作用，不能帮助他们跳过习得顺序中的任何一个阶段，但是也有好处，那就是这种课堂授课可以让学生加速了解语法结构。据大量的实验数据显示，有课堂教学学习效果比没有课堂教学的学习效果好很多，对语法的理解也更透彻，对语法结构的熟练度也大有提高。但是，这种教育需要一定的语言文字积累和必要的心理接受度。这就形成了与克拉申相对的课堂正式教学与第二语言习得"有关联"的观点。其中，沙伍德·史密斯与克拉申的观点针锋相对，沙伍德·史密斯把学习排在了习得的前面，认为学习是习得中的关键部分。习得语言需要学习知识来实现，课堂中传授的语法知识可以提高人际交流能力和说话效率。沙伍德·史密斯还认为学习第二语言需要先讲解需要的语法要求，此外还需要提供一定的练习和使用机会，这样才可以把知识储存在脑海里，再进一步在交际的实际演练中表达出来。

同样持有"有关联"观点的白丽丝托克则表达了比较适中的立场。她认为第二语言既可通过习得获得，又可通过学习获得，不同的学习者有不同的学习目标，需要达到不同的语言水平，这决定了到底是采用正式讲授的途径还是自然习得的途径。白丽丝托克把对语言知识的掌握分为分析型掌握和自动型掌握两种，前者通过分析语言规则达到高度的灵活运用；后者通过学习语言知识将知识合理运用。不同的语言活动需要不同类型的知识，并通过不同的途径获得。可以熟练地掌握语言精髓是自然习得的核心，对语法的了解则是次要的，所以会导致习得向着熟练掌握语言的方向发展，语法结构则会被忽略。在课堂教学中，学生不仅要能看懂语法，还要能熟练利用语言，流利地讲出来。假如学习者学习语言只是为了简单的对话，就可参考克拉申的输入理论，即第二语言的核心是在交流中进行；假如学习者是为了灵活地使用此语言和学习此语言的全方位的知识且同化为自己的知识，就得从课堂教学中领悟。

（二）课堂教学的作用和局限性

针对课堂授课对第二语言的作用，不同的人有不同的观点，鉴于课堂授课一直没有取得明显的效果，所以又动摇了一些人的观点。因此，我们需要对课堂教学的优点和缺点进行全面的分析和比较。

课堂教学的优点如下所述：

（1）课堂教学是经过人们长期实践所总结出的有目标的教学，学生在学习的过程中根据自身情况不断地理解和学习语言，进而在短时间内获得比较明显的学习成果，这是在自然环境中学习语言的学生远远不及的。

（2）课堂教学的主要内容是帮助学习者掌握语言形式，课堂教学能有目的地提供比自然语言环境更集中、范围更广、形式更为复杂的语言形式，使学习者更注意语言的表达形式，有利于语言形式的掌握。

（3）课堂教学强调教授语言规则，符合成人的思维特点和学习特点。很多研究证明，正式教授语言规则虽不能影响学习者习得这些规则的顺序，但可以提高习得速度，无论是儿童还是成人，无论是初学者还是高年级的学习者都能受益。

（4）课堂教学提升了语言学习的效率，但是也有如下约束条件。

①学生在课堂上的学习时间是有限的，接触到的知识也无法与自然习得相比。

②学生在课堂上学习的是课本上的知识，而不是真正的语言交流，与现实生活中的交流是不一样的。

③课堂教学的主要内容是语言形式，无论怎样的授课方式都不可能把所有的语法规则全教给学生，即使有非常好的教学系统往往也是不充足的。还有一些学者认为，某些语法结构只能在自然习得中掌握，而不能在课堂中教授。此外，课堂教学还存在缺陷，可能会对学生产生误导，不能正确地把握一些语言的规则和方法，让学生过度使用。

④课堂教学最根本的缺点是没有真正的语言交流，面对一些情况时，可能无法应对。如果只有课堂授课这一种方式，那么很难把第二语言学好、学精。

随着时代的发展，第二语言习得的主要方式还是课堂教学，因此如何克服上述问题，把其优点发挥到极致，是第二语言课堂教学过程中需要解决的难题之一。

三、充分利用语言环境提高学习效率

在对外汉语教学上，我们有丰富的经验、教训为学生提供良好的目的语社会语言环境。如今，我们需要重视的是怎样把社会实践中的经验与课堂教学结合起来，构造一套既有利于语言学习，又有利于语言习得的新的教学体系。

新教学体系的实现要以社会语言环境为基础，充分发挥个人的学习能力，利用自己的能力影响自然习得。第二语言教学的风格决定了第二语言主要通过课堂教学获得，此外还有一种方式就是自然习得。成人不仅具有自然习得语言的能力，还在第二语言学习中或多或少地通过习得途径学到了课堂教学里学不到的东西，因此习得起着辅助正规学习的作用。比如，目的语的基本知识、规则以及一部分言语技能主要通过学习获得，正规学习着重解决语言的准确性；而语感、地道的语音、对语言中文化因素的把握，特别是语言交际能力的获得，则主要通过习得途径。习得可以进一步提高语言的规范程度和流利程度。成人接触面广，有可能从社会大环境中习得语言。成人不仅能从听中习得语言，还能从阅读中习得语言，能充分利用书报杂志、网络、广告新闻、广播影视及文学戏剧等各种输入渠道。而教师和教学理论研究者在教学活动中仍然只考虑课堂教学这一个方面，没有把自然习得纳入整个教学体系中去，而是采取了听之任之的态度。这就使学习者的学习能力未能得到全部发挥，可以说我们一直在用一条腿走路。

成人如果想要把自然习得的作用发挥得淋漓尽致，就要充分利用社会语言环境。建立新的教学体系就要改变原有的思维，使新的教学体系由课堂教学、课外活动、社会语言环境里的交际活动三个层面组成。

首先，要发挥课堂教学的重要作用。除了知识与规则的传授和技能训练外，课堂本身也能提供习得的机会。因此，要在课上加强交际性的教学活动并扩大输入的渠道。实践证明，通过交际性活动以及听力、泛读这样的课程，学生自然习得的东西可能比精读课要多。教师在课堂上也不必处处都讲到、讲透，有经验的教师会故意留下一些空白让学生自己去习得。课堂教学的任务是训练学生如何用已掌握的知识技能解决问题，培养学生在课外扩大汉语知识并提高运用汉语的能力，做到这点将大大有助于课外的自然习得。

其次，把学生在社会和课余时间进行的活动引入课堂中，认真规划。不管什么活动都要让学生在实践中进行，如参观游览、讲座及一些节目的演出，为学生提供语言习得的机会。

最后，要充分利用汉语的社会环境，让学生高效学习汉语。这不属于课外活动，是学生在中国社会里的日常交际活动，教师可能不太注重这方面的培养，可这却是学生提升自然习得汉语以及熟练掌握语言的契机。教师应该把学生吸引到汉语的社会环境中去。因为有许多的学生没有远见，把自己约束在课堂和学校中，没有充分利用社会语言环境的优势。观察仔细的教师还会发现学生在社会环境中自然习得的新知识，在课堂上会给予肯定和巩固。教师虽然不能完全控制学生的自然习得，但可以引导学生，提高学生自然习得的效率。

上面所讲的是课内与课外、学习与习得融合在一起的完整的教学体系，其核心是充分利用社会语言环境。

第五章 第二语言习得理论的主要流派

第一节 中介语理论

第二语言教学中的中介语理论衍生出了对外汉语教学中的中介语理论。20 世纪 70 年代,中介语理论开始兴起,到 20 世纪八九十年代达到鼎盛时期,被广泛应用于第二语言的教学中,是近几十年来第二语言习得中的一个重要理论。

中介语理论在我国兴起于 20 世纪 80 年代,成为我国外语教学的重要参考,随后扩展到对外汉语教学中。

一、中介语理论的产生和发展

中介语理论并不是凭空出现的,是有历史依据和起因的,它是在以前的应用语言学和第二语言教学理论的基础上发展起来的。中介语理论是对应用语言学和第二语言教学理论的创新。

20 世纪五六十年代,应用语言学和第二语言教学领域盛行对比分析的研究方法。此种方法就是将学生的母语和第二语言的各方面进行对比,如发音、词语及语言规则等,找出差异,对学生以后的学习过程进行推测,可以大概知道会遇到的各种语言问题,然后采取一定的教学手段,降低学生在学习第二语言时的错误率。对比分析的方法有一定的积极作用,在语言教学中有广泛的应用并有很好的反馈。但是,事物都有两面性,其缺陷是掩盖了学生母语的光辉,不承认母语对学习第二语言有明显影响,而且在推测学生学习第二语言遇到的语言问题方面也有局限性。

在之后的发展中,对比分析法渐渐淡出人们的视野,而偏误分析理论则慢慢取代了对比分析法。"错误分析的心理学基础是认知理论,其重要的内容之一就是要揭示普遍语法在多大程度上影响着第二语言的习得过程。以学习者在学习第二语言过程中所犯的错误为鉴，我们不难察觉学习者对目的语的掌握程度，这也让教师了解了学习者是怎样学习或习得语言的，明白学生使用的学习方法和学习过程。语言内部结构和系统是学习第二语言的障碍，而不是受母语的约束。"这是辛春雷在《中介语与中介语理论》中的观点。

中介语理论产生于 20 世纪 70 年代，中介语理论的优点是注意到学习者的母语对第二语言习得的两面性，从新的角度打破了对比分析和偏误分析的束缚，推动了第二语言教学的发展，使第二语言教学进入了一个新阶段。

塞林格（Larry Selinker）是应用语言学家，他在 1972 年的论文《中介语》中，解释了中介语理论，是中介语理论正式建立的里程碑。在塞林格之前，科德发表了论文《学习者偏误的意义》，赋予学习者尚未掌握的目的语的外语能力新的定义，即过渡能力（transitional competence）。1969 年，塞林格发表论文《语言迁移》，"interlanguage"这个词第一次出现在人们的视野中；1971 年，奈姆瑟发表的论文《外语学习者的近似系统》把中介语理论推上了更高的层次。塞林格 1992 年出版专著《重现中介语》，系统论述了中介语理论。

中介语理论从 20 世纪 80 年代起受社会语言学和心理语言学的影响，慢慢演变出各种新的理论模式，具备代表性的有艾力斯和泰荣的中介语可变模式、舒曼的文化适应模式。

二、中介语理论系统

科德、奈姆瑟、塞林格等人建立的中介语理论，是一套第二语言教学理论系统。

对比分析理论和偏误分析理论是中介语理论的基础，中介语理论是在其基础上渐渐发展起来的。对比分析理论和偏误分析理论尝试对比不同的语言，找出差异和相同点，以推测出教学过程中需要注意的重点，尽量避免问题的产生。王建勤在《历史回眸：早期的中介语理论研究》中表达了这样的观点："对比分析的理论方法存在致命的弱点，如果归结为一句话，那就是人们试图用简单的语言学的方法解决复杂的心理学问题。"

语言教学是一个复杂的过程，特别是第二语言的教学，涉及教学主体（教师）、教学客体（学习者）、语言环境、教学流程等方方面面的问题，绝不只局限于语言本身。

学生在学习第二语言的过程中，如果没有受到其他因素的干扰，是不会直接从母语跳转到目的语的。在整个学习过程中，伴随着母语规则迁移和目的语规则泛化，产生了一系列逐渐趋近但始终不同于目的语的中间过渡状态，这种中间过渡阶段叫作中介语（middle language，ML）。中介语既不同于母语，也不同于目的语，处于母语与目的语的中间状态。其特点有如下几个方面。

第一，系统性。它是介于母语与目的语之间的一个系统。如果学习者在学习中出现问题，那这种问题一般不是单独的，会涉及整个系统，影响整个系统。当然，在学习过程中学习者和目的语的靠近也表现为一种系统的靠近。当学习者共同学习一种目的语时，中介语也表现出某种共同的特点，表现出系统性。

第二，变化性。中介语是随时变化的，由于学习者学习目的语的态度和程度不一样，中介语可能体现为进化、退化和僵化，而且进化、退化的内容也是不一样的。

第三，程度性。它是由中介语的变化性决定的。不同的学习者对中介语理解的程度是不同的；某个学习者在不同的阶段对中介语的理解程度也是不同的。中介语的程度性还表现在语音、词汇、语法等方面。

科德、奈姆瑟及塞林格是中介语理论的代表人物。过渡能力体系和过渡方言都是科德提出的，他把失误（mistake）和偏误（errors）区分出来，认为失误是没有系统的，是劳累和遗忘等原因的产物，在语言习得范畴内部具有研究意义；偏误具有系统性，可以反映学习者对目的语的认识和学习的过渡情况。输入和内化也是科德的观点，学习者接触的有关教材是输入，理解这些教材则是内化。教师的教学系统影响着输入，自身的学习习惯和理解等影响着内化，内化是学习者建立自主语言系统的体现。检验假设与过渡系统建构也是科德的观点，是指当学习者接触外在的言语输入时，其内在的习得机制作为系统生成器便通过对输入信息的加工建立所谓的"过渡的规则系统"。当新的规则信息与目前的过渡系统不一致时，这种新的规则便反馈给系统生成器，学习者的内在习得便引导过渡系统规则进行更新。

奈姆瑟提出了"近似系统"（approximative system）的概念，近似系统是相对于目的语来说的，学习者的语言系统是一个逐渐接近目的语系统的、不断变化的连续体。一方面，学习者无法立刻接触整个目的语系统，是逐渐接受、逐渐消化的，即 La 1、La 2、La 3……La n，其中 La 代表近似系统。另一方面，学习者的母语系统是一种干扰，它会使学习者的语言系统偏离目的语系统。奈姆瑟强调："近似系统是学习者在学习目的语时，实际运用的偏离的语言系统。"他认为学习者的语言是一种"偏误"（deviant），这与塞林格的观点不同。奈姆瑟的观点包括三个方面：①学习者的言语是其近似系统在特定时间的定型产物。近似系统有其内在结构，既不同于母语系统，又不同于目的语系统，表现出来的语言现象是大量的、系统的、有规律的固定模式。②学习者在习得过程不同阶段的近似系统构成了一个不断变化的连续体。③相同阶段学习者的近似系统大体相似，学习者的近似系统具有规律性和普遍性。

塞林格的理论在中介语理论中具有代表性。他说："由于人们可以观察到这两种话语（指中介语和目的语）是不一样的，那么在建立第二语言学习理论的理论建构时，人们完全有理由，或者说不得不假定存在着一种独立的、以可观察的言语输出为基础的语言系统……人们把这种语言系统叫作中介语。"塞林格还认为："人们有感而发的一些行为可以被成功地推测出，让人们更加确信本文讨论的、与潜在的心理结构相关的这种理论建构"。这种潜在的心理结构与乔姆斯基的"语言习得机制"类似。塞林格列举了潜在的五个心理过程：语言的迁移过程、由训练造成的迁移过程、目的语语言材料的泛化过程、学习策略、交际策略。其中语言迁移是一个重要的心理过程，涉及母语在第二语言习得中的作用；由训练造成的迁移过程包括强化和引导；目的语语言材料的泛化过程是一种心理期待，相同材料的出现容易引起泛化，如英语动词的时态变化；学习策略指学习者为了记住某些难点，采取重复、复述等方法帮助记忆；交际策略指学习者在表达意义出现困难时，便借助手势、表情或用相近的词语表达等补偿策略。后来有人建议将简化策略（simplification）列入其中，即学习者为了便于在交际中表达意义，往往省略一些不影响交际的功能词。

化石化也是塞林格的观点，是用来解释大多数学习者无法获得与母语使用者相同的语言能力的心理学基础。因此，我们要思考与母语相比第二语言习得更加困难的原因，勒纳伯格（Eric Lenneberg）以生物学为基础大胆做出了关键期的设想，因为大脑功能的侧化，可能会使一些功能丧失，使成熟以后的语言学习更加困难。塞林格还从心理学和生物学的角度阐述了语言的僵化现象，他表示学习者在学习第二语言时与母语相比完全不同，换种方式说就是习得机制有差异，关键期以后，原来的习得机制已经退化，学习者在学习第二语言时所依靠的是一种完全不同的机制，证据是第二语言学习者语言能力的僵化现象。此种现象出现在大多数学习第二语言的学习者身上，阻碍了语言能力的发展，就算努力学习和练习，也不会有明显的效果，仍然停留在中介语阶段。

三、对外汉语教学中的中介语研究

鲁健骥在 20 世纪 80 年代探讨了外国的汉语学习者在学习过程中的偏误，以中介语理论为基础对偏误进行了分析，《中介语理论和外国人学汉语的语音偏误分析》《外国人学汉语词语偏误分析》《外国人学汉语语法偏误分析》等论文是其研究的成果。

进入 21 世纪以后，对外汉语教学领域中的中介语研究愈发活跃，呈现出多方面、多角度，并和现代语言学、现代汉语研究密切结合的特点。由于从事对外汉语教学工作的学者、教师日益增多，关于对外汉语教学中介语的著述和文章也大量增加，极大地丰富了对外汉语教学的理论基础。

中介语在对外汉语教学领域中的运用和在其他领域中的运用有着相同之处，最初着力于中介语理论的推广，理解和分析中介语在对外汉语教学中所扮演的角色。这方面的研究有：姚晓波、陈方方的《对外汉语教学与中介语理论》，彭玉兰、张玲的《外国学生汉语中介语研究综述》，徐子亮的《外国学生的汉语中介语现象再认识》等。

在对外汉语教学领域中中介语研究呈现的第二个特点：由于对外汉语学习者的特殊性，有特定母语对象的汉语学习者成为中介语研究的主要人群，如日语和韩语等。这方面的研究有：陈如静、李平的《日本学生中介语口语偏误分析及教学对策》，胡晓研的《韩国学生汉语中介语语音模式分析》，杨德峰的《日语母语学习者趋向补语习得情况分析——基于汉语中介语语料库的研究》，陈维昌的《韩国学生作文中遗漏和误加偏误类型分析》等。

在对外汉语教学领域中中介语研究呈现的第三个特点：重视外国汉语学习者的偏误，并进行相应的分析与探讨。语言偏误的分析应从语言偏误的体现，为什么发生语言偏误，改正语言偏误的方案这三个方面进行。外国汉语学习者的偏误也和他们本国语言相关，因此探讨的重点既包括汉语的发音、词汇量及语言结构等，又包括汉语学习者的母语，还包括文化差异等。这方面的研究有：崔永华的《汉语中介语中的"把……放……"短语分析》，訾韦力的《从现代汉语空成分结构看过渡时期中介语错误》，赵卫、白晓红的《对外汉语教学中语气词"吧"的教学策略》，訾韦力的《汉语主题结构与 L2 学生过渡阶段中介语错误》，赵成新的《留学生汉语语篇衔接偏误目的语因素考察》，林润宣的《留学生语言偏误产生的原因分析》，郑艳群的《中介语中程度副词的使用情况分析》，李华的《对汉语中介语表人名词"～人"的偏误分析》，田然的《留学生限定话题语篇中词汇衔接状况考察》等。

中介语理论属于第二语言习得理论，对外汉语教学也属于第二语言教学，所以中介语理论也适用于对外汉语教学，这一点在学术界已经达成共识。对外汉语教学中介语产生的基础主要体现在以下两个方面。

（1）对外汉语教学是针对母语为汉语以外的语言学习者的教学，学习者已经对本国的语言进行了社会实践，有一定的基础，因此会对他们学习汉语产生一定的影响，这也成为中介语产生的基础。

（2）人们往往会对一些事物进行比较，这是一种普遍的心理。在语言学习中，也大量使用比较和对比的方法，应用更为广泛的是外语的学习。在对外汉语教学中，汉语学习者也常常自觉和不自觉地运用对比的方法，既包括不同语言在语音、词汇、语法方面的对比，又包括汉语学习者学习前后的知识对比。这种比较和对比也是中介语产生的基础。

第二节　语言普遍性理论

一、语言普遍性与普遍语法研究

语言的普遍性可以从两个不同的角度进行研究：一是语言类型学的角度，二是普遍语法的角度。语言类型学通过收集特定的语言材料来描写不同语言类型的共性，因此语言类型学基本上属于数据驱动的描写性研究。普遍语法则是根据学习者的语法直觉研究构成语言普遍性的抽象原则，因此普遍语法被称作研究语言本质的理论。有学者认为，任何第二语言习得理论，如果不是建立在适当的语言理论基础之上，都将被证明是不适当的理论。言外之意，普遍语法理论是目前最好的语法理论，这一理论应该贯穿于第二语言习得的研究中。实际上，普遍语法也的确是迄今为止对第二语言习得研究影响最大的理论。

乔姆斯基并不是第一个提出普遍语法这个概念的人，尽管普遍语法与他所倡导的语言理论密切相关。普遍语法早在17世纪以前就出现了。随着时代的发展，不同阶段对这个词的理解各不相同。普遍语法其实是在原有的理论上进行的一个创新。乔姆斯基在20世纪60年代中期开始慢慢地对这个词有新的理解，经过探讨和研究赋予了新的概念。

（一）普遍语法的理论概述

早在1981年普遍语法理论就已经被提出了，不同的学者对普遍语法有着不同的观点，其中比较核心的观点有5个。一是普遍语法在外语学习中是否涉及的问题，有直接可及说、间接可及说和不可及说三种说法。二是观察普遍语法对第二语言学习的可用度，一些学者用不同的方法，从不同角度探讨和研究普遍语法在第二语言学习中的通达情况。三是研究第二语言学习过程中普遍语法的地位和效果。四是研究普遍语法理论在对外汉语教学中的价值。五是以普遍语法为基础探讨标记理论。

在研究语言的过程中把语言的普遍性揭示出来是核心内容。在人类语言的深层次结构中，存在着一种共同的语法结构和准则，这些语言的准则是抽象的、复杂的，为人类所共有，这就是普遍语法的由来。普遍语法理论是非常抽象的语言标准，可以分为形式普遍现象、内容普遍现象、语言元项三种原则。

语言习得离不开普遍语法理论的支持。普遍语法理论有两大基本特点：适用于所有的语言；有高度的抽象性，属于原始概念，但数量极少。普遍语法理论以第一语言习得速度快为依据，主要涉及第一语言的研究。第一语言习得与第二语言习得在学习者成熟程度、语言知识、语言环境等多方面存在一定的差异。在语言学习中，语言环境是外因条件，普遍语法理论是内在基础。普遍语法理论不是具体语言的语法，而是限制人类语法的一个标准。

许多学者对第二语言习得中普遍语法的可用性进行了探讨，并进行了四个方面的假设：不可及说、完全可及说、间接可及说和部分可及说。

不可及说认为普遍语法不是第二语言习得的关键因素，因为成年人学习第二语言和小孩子习得第一语言有着本质的不同。第一语言习得者使用的是语言习得机制，而第二语言学习者使用的是一般性学习策略。第二语言学习者不是依靠受普遍语法制约的结构学习的，而是借助于线性的、表面化的语序策略学习第二语言的。不可及说的主要依据，也是最有说服力的依据，就是语言习得临界期这一说法。不可及说的代表人物是梅塞尔。

完全可及说不认同不可及说的观点，认为普遍语法适用于第二语言的学习。因为第二语言的学习和第一语言有相似之处，可以学习到课堂上没有学到的一些语法知识，还有系统的知识，有着无限的目标语生成能力。弗莱恩和梅纽尔是完全可及说的代表人物。

间接可及说认为，普遍语法可以通过学习者的母语在第二语言学习中起作用。第二语言学习者已经在自己的母语中应用了普遍语法的原则，设置了参数，这是他们发展第二语言的基础。第二语言学习者之所以会造出与目标语不一致的语法句子，是因为他们在第二语言学习中要对他们的母语中不曾有的参数进行设置，不得不求助于其他一些学习机制。间接可及说的代表人物是沙赫特。

部分可及说认为，普遍语法在第二语言学习中的应用并不是完整的，在方式上有直接、间接的区分。由于第一语言习得与第二语言习得的部分相似性，导致学习者和使用相同语言的土著人的语言水平有很大的差距。弗莱利克斯和魏格尔是部分可及说的代表人物。

普遍语法应用在第二语言习得中的四大假设，证明了这个理论应用在第二语言习得中有着若干的可能性。而且，普遍语法理论突破其作为第一语言习得理论的框架而应用于第二语言习得这一事实也显示了该理论的强大生命力。

（二）普遍语法理论与对外汉语教学

在对外汉语教学中，普遍语法起到了很明显的作用。以普遍语法理论为基础，对对外汉语教学进行研究，已经是大势所趋。并且，以普遍语法理论为基础的对外汉语教学研究已经渐渐深入人心。

二、普遍语法的构成

20 世纪 70 年代，在语法的整个系统中，规则系统和原则系统是普遍语法系统的重要组成部分。20 世纪 80 年代，管辖约束理论这个词语出现在人们的视野中，同时为普遍语法增添了新的色彩。乔姆斯基在管辖约束理论中提出了原则和参数这两个核心概念。乔姆斯基认为人类共同拥有一套普遍的原则和参数。这些原则和参数组成了人类语言的具体形式。因此，我们学习的语言几乎都是这两种形式的体现，这也是普遍语法的重要内容。乔姆斯基认为，原则在普遍语法中是恒定不变的，适用于所有语言。相反，参数是由几个数值组成的，正是由于这些数据的不同，导致了语言的差异。普遍语法因为乔姆斯基的原则和参数观点变得更加具体明朗，实用性更强。这个观点影响着母语和第二语言的学习。许多第二语言习得研究都是以原则和参数为基础的。

乔姆斯基于 20 世纪 90 年代又更新了普遍语法的相关内容，但是原则和参数的基本思想仍占主导地位。乔姆斯基提出的最简方案（minimal program），指明人类语言的主要部分是词库，词汇语类和功能语类一起构成了词库。语类是句法结构成分的类别。词汇语类是指各种词语的类型，如名词和动词以及其所组成的短语等；功能语类包括指示词、助词以及抽象的语法特征，如时态、主谓一致性等。在最简方案中，普遍语法的参数属于功能语类的范畴。参数的变化是通过功能特征表现出来的，这些功能特征形成了不同语言之间在表层结构上的差异，如语序、形态上的差异。

语法经历了非常复杂的演化过程。虽然普遍语法的内容与之前相比有很大的不同，但是普遍语法理论的目标并没有改变，即对先天的语言能力进行充分的描写和解释，也就是描写的适宜性和解释的适宜性。为了实现描写的适宜性，需要对学习者的稳定状态提供完整的、清晰的描写；为了实现解释的适宜性，需要对学习者在特定语言习得过程中如何从初始状态达到稳定状态的过程做出充分的解释。因此，普遍语法既是一种语言描写理论，又是阐释语言知识如何获得的理论。

三、语言普遍性和二语习得

成人和儿童在二语习得上有着相似的发展途径，因此普遍语法对所有人的学习都是有帮助的。在中介语的发展中，语言普遍性的作用有三种假设：一是中介语像其他自然语言一样，受语言普遍性的制约；二是可用来预测第二语言项目在中介语中的出现顺序；三是学习者先学习无标记特征，再学习有标记特征。

通过多方了解，"否定 + 动词"句式是最常用的，也是使用最广泛的。因此，它是无标记否定形式。母语为德语者在学习英语时，也会出现动词前否定的句式，尽管这种句式在德语和英语中都不存在。

上述研究表明普遍性对中介语有制约作用，习得也许遵循着特征层级性次序，即无标记特征习得先于有标记特征习得。

（一）语言普遍性和中介语发展

施密特对不同背景二语学习者省略英语并列结构中某些元素的情况进行了研究。英语可能出现的省略类型如表5-1所示，其中第三类是最难的类型，因为动词和主语总是比宾语更难省略，主句中主语和谓语在很多种情况下允许省略，当然也会有一些比较特殊的情况。因此，要明确知道哪些宾语是可以去掉的，哪些是不可以去掉的，避免出现错误。所以，施密特的研究有着非常关键的作用。

表5-1　英语并列句中的省略类型

省略类型	例　句
并列从句中主语省略	John sang a song and played the guitar.
并列从句中动词省略	John plays the piano and Mary the violin.
主句中宾语省略	John typed and Mary mailed the letter.

盖·苏珊（Susan Gass）（1979）调查了成人中以英语为第二语言的学习者对关系分句的习得情况。通过了解基南的层级可接近度研究和科姆里的不同关系代词次序的正确度研究，可以发现两者之间关系密切。这样的联系在主语的位置最为常见，在宾语的位置紧随其后。

盖·苏珊发现大多数学习者能够将层次较难位置上的内容推广运用到相对简单的位置上，却不能将较容易位置上的知识运用到较难的位置上。隐含层级、隐含串联与习得的关系值得探究，尤其是使用纵向语料的。

盖·苏珊对标记理论进行了验证。"主语+否定+动词"句式是无标记否定形式，动词前否定运用最广泛。动词前否定出现在语言发展次序中，即使它既不存在于目的语中，又不存在于学习者的母语中，例如第二语言是英语、第一语言是德语的情况。卢瑟福（William Rutherford）用一个有趣的例子证明标记因素对二语习得的影响：

（1）What's that？（那是什么？）

（2）What are those？（那些是什么？）

（3）I do not know what those are.（我不知道那些是什么。）

（4）I do not know what this is.（我不知道这是什么。）

简单的句子或者比较短的句子更加容易学习，那些许多种单词叠加起来的句子会比较难，如果学习者不会分析简单的句子就更不可能理解复杂的句子了。

凯勒曼的探索同样表明了标记理论对二语习得的影响。

（1）I broke the glass.（我打破了玻璃。）

（2）The bookcase broke by falling.（书箱摔坏了。）

凯勒曼发现虽然学习者的第一语言是不同的，但是他们在学习第二语言之后都会觉得（2）更不容易理解，因为（1）表明了核心意义。因此，核心意义的概念对二语习得有着极为关键的作用。

（二）语言普遍性和一语迁移

标记理论有助于解释为什么母语和目的语之间的某些区别会增加学习难度，有些却不会增加。第一语言有标记形式的不迁移，荷兰语和英语都有 break 的及物用法和不及物用法。英语如：

（1）I broke the glass.（我打破了玻璃。）

（2）The bookcase broke by falling.（书箱摔坏了。）

荷兰人早期学英语时对两种用法都接受，也许是受荷兰语迁移的影响，或是对二语素材中这两种用法都有所掌握的原因。但后来他们却抵制英语中标记性强的句子，即 break 的不及物用法。再往后发展，他们又逐渐地接受了无标记、有标记两种用法。话语的演化过程总会有一些偏差的产生，而且总是高低不均的。以上研究显示，学习者到了较高级的中介语阶段时不再迁移有标记的特征，对一语外围特征是接受还是抵制，被发展因素复杂化了。

问句的不同让人们对英语以及汉语产生更加深刻的理解。在汉语中对一个句子进行提问，会用一些指定的词补充之前的内容，这说明很多语言具有非常广泛的性质。但是，在英语的语言文化中，想要去提问一些事情，会用特定的词指代以前的内容，并放在句子最前面，还要有助动词帮助。这就说明英语和其他的语言存在很大的差别，我们在学习英语的过程中不会出现什么很大的问题，但是当说英语的人学习汉语的时候，就不会这样容易了。

再如，汉语"三个半月"是有标记的，"半"在量词和时间单位词之间，语义组合不符合一般认知规则；英语"three months and a half"和越南语"bat（三）ang（月）ruoi（半）"是无标记的，符合普遍语法规则。因此，母语为英语、越南语者学习汉语相当难，偏误多，偏误延续时间长；母语为汉语者学习英语、越南语难度低，偏误少（周小兵，2004）。

对同一参数设置，一语既有无标记形式，也有有标记形式。在这种情况下，一语中结构最明确、标记程度最弱的那个结构将会迁移。例如：

A. He claims that he knows it. （他说他知道这个。）

B. He claims to know it. （他说知道这个。）

B 句就没有 A 句那样清楚，它存在着一些非常复杂的内容，语言结构也比较丰富。

第三节　语言监控理论

一、语言监控理论概述

语言监控理论主要由语言监控假说、习得与学习假说、输入法假说、情感过滤假说和自然顺序假说等构成。

第二语言学习者的输出产生于习得系统，在课堂上学到的语法知识只起到一种监控或编辑的作用，其发生还需具备以下条件：第一，有足够的时间。在交流过程中回忆语言规则会花费一定的时间。第二，有准确的句式。即使有充裕的时间，若只关注交流的内容而不注重交流的形式，监控就无法发挥作用。第三，了解相关的规则。到目前为止，人们很难说对某种自然语言已经有了全面的了解，即便是汉语这种研究已算相当深入的语言。这些条件很难完全满足，导致监控作用十分有限，直接影响表达的流利程度，因此对交流的意义不大。当然，是否重视学习的监控作用也要视学习者的学习阶段而定：对入门以及初级阶段的学生而言，能大胆地开口、能积极主动地发言就已经非常好了，即使出现错误也是在所难免的，对他们的要求不能过于苛刻；对已顺利度过入门阶段还需要继续提高的学生来说，学习的监控作用是必不可少的。要接近或达到一定的程度，自我调整或自我修正的监控就发挥了至关重要的作用。自我调整指的是监控发生在输出之前，自我修正指的是监控发生在输出之后或之中。外国学生学习汉语时，只有流利，没有正确，是无法达到对外汉语教学目标的。随着学习的语法和词汇等越来越多，学生很容易混淆，这时就需要进行具体的辨别，而辨别的过程需要语言规则的监控。要想迅速获得这些语言规则，就需要进行有意识的学习。在对外汉语教学中，课堂教学法是一种以学习语言规则为主的课堂教学体制，教师通过在课堂上的讲解、强调和纠正，让学生模仿，强化学生对规则的记忆，而记忆巩固以后就能形成习惯，而习惯是一种无意识的行为。我们要根据习得者的具体水平和学习的不同阶段决定监控的使用程度。对初学者来说，监控的力度可以适当减轻，范围可以适当缩小。当学习者已有一定的习得基础，用正确的语法规范来监控他们的输出，并让他们掌握这种监控，就会起到一定的促进作用。在教学实践中，教师常常会遇到一些问题学生，他们的问题如影随形，很难改掉，教师和学生都很头疼。这时，如果学习监控能发挥作用，局面就会向好的方向转化。

第二语言习得理论的核心是学习与习得的区别的假说。学到的内容与学的过程是完全不同的框架，他们总是互相影响，除了差异外还存在许多互动，许多人对第二语言的学习就是二者共同作用的结果。习得总是在不经意间产生，小孩子在学习本土的语言的时候，总是学习这个语言所蕴含的内容而不是学习语言是怎样传递的，这时学习的人就会在无意识中学到许多知识。学习则相反，它是在我们知道的情况下产生的，学习者将注意力集中在语言形式即结构上，而非其所传递的信息上。习得对人是不分大小的，所以在学习其他语种的时候，和自己的语种不会存在偏差。在这两种体系中，我们所学到的内容既可以是观察语言的准则得到的，也可以是在学习中慢慢形成的。两者之间有着本质上的差异，但习得的学习方式对语言学习具有很大的启发意义，在对外汉语教学领域产生了一定的影响。

输入法假说理论表达了这样的道理：学知识的人能通过一个句子的环境或句子中所存在的内容深刻体会其中蕴含的道理，这是非常重要的观点。在学习其他语言的内容时，就要了解他们自身所存在的意义。教师在备课的过程中，要准确地了解其中的内涵。在讲述的过程中，教师要让学生准确地认识其中的内容，并根据学生的实际情况制定更精确的计划。教师要充分了解学生的需要是什么，并且给出快速的解答。学生要尽可能地跟身边的同学用自己所学的内容进行交流，这样整个氛围都会非常有利于学习，同时准确地温习这门课程的内容。随着科技的发展，上课的用具也科学化了，能更加便捷准确地提高上课的效果。这样就可以营造更好的语言氛围。

有些学说认为，在语言学习中，最重要的不是要了解语言的内在含义，而是通过情感了解更多内容。这个观点认为，在学习中，心理因素的作用也占很大的比例，影响着我们是否拥有学习成果或者学习成果的大小。很多时候，学习的人并不能完全地掌握自己学到的内容，这些是因人而异的。如果一个人很感性，就会受到自身许多因素的影响而有不好的发展，如不自信而且对学习没有兴趣，或者是状态不好。所以，在学习过程中要学会减少自己的情感制约。这些内容跟教师有着紧密的联系。也就是说，教师能明白学生在想什么，就可以用学生的想法提高他们的热情程度，让他们完善自己。减少感性的影响是为了方便学生学习，提高上课的效率。教师应尽自己最大的努力让学生在学习过程中抛开一切顾虑，这样他们的压力就会减少很多。在上课的过程中，要找到一些简便的方法吸引学生的注意力。要针对每个学生的特点进行一些错误的改正。要了解其口语上的不足，并改正他们写出来的不正确的东西，要让他们真正地理解并自行修正。

　　在语言学习过程中，学习者在学习语法知识时会形成固定的顺序，因此语法结构顺序是可预测的。不同年龄阶段的人将英语作为第二语言学习时，其习得语法的一般顺序是：进行时态，名词复数，系动词"to be"—助动词（进行时），冠词—不规则的过去时—规则的过去时，第三人称单数，所有格。没有接受正规课堂教学的外语学习者与接受正规课堂教学的外语学习者显示出的自然顺序并无差别，这为将汉语作为第二语言的习得研究提供了很大的启发。

　　习得理论是现代语言习得和教学理论中颇有争议但影响深远的理论，它可以激发人们对语言习得规律以及语言教学方法进行广泛而深入的研究，从而推动语言教学理论的发展。

　　监控模式对第二语言的学习具有指导意义。习得和学习之间没有本质的区别，不同语言背景的人们有着相同的阅读体验。绝大部分语言存在着共性，习得和学习都是人类获取语言知识和技能的行为，因此有关语言习得研究的理论在一定程度上也适合外语教学和学习的研究，可以用来指导外语学习。对学习与习得的概念进行区分有助于解释语言学能、态度和动机等在第二语言习得中的作用，也可以用来解释第二语言习得研究中的一些实验结果。在第二语言教学中，教师应给学生足够的、可理解的语言输入，以保证习得的产生。监控理论本身存在一些缺陷，它建立在对学习与习得这两个概念的区分之上，这是难以立足的，因为这两者难以在实践中得到验证。另外，在自然顺序假说中，如果习得的知识也可以用来监控就意味着自然顺序可以在有意识的语言加工过程中出现，即当语言学习者把注意力集中在语言形式上时，自然顺序也会出现。自然顺序假说认为当语言学习者把注意力集中在语言形式上时，即当他们监控时，自然顺序会受到干扰。这些问题，还需要学者进一步论证。

二、语言监控理论与对外汉语教学

语言监控理论从提出之初就一直饱受争议，但正是这些争议所引发的讨论为第二语言习得研究提供了新的理论视角，使人们对第二语言习得理论的研究成果及存在的问题、争议、局限性等有了进一步的认识，同时为教学中借鉴性地使用外语教学理论提供了指导。

语言监控理论极大地影响了对外汉语教学的课程设置、教材编写以及课堂教学。语言监控理论对对外汉语教学有着很大的启示作用。对外汉语教学过程对内容的吸收是不积极的，并没有找到好的学习技巧和方式，很少得到人们的认可。在前一段时间的学习过程中，我们使用的书本总有许多官方的知识，这样的内容不好理解，还存在着一些强硬的知识形式，因此并不利于学习。之后我们经过了历史的改变，在学习其他语言的过程中不断地壮大，知识内容以及学习方法也逐渐丰富，不再像以前那样单一，但是那些真正有用的内容比较少，并不能给人们真正的借鉴。现在的学习生活总是想把正确的学习方法和完善的课本内容作为重点引导学生，这样的想法非常强烈。这是一门语种，没有必要想一些不相干的内容，只要学好语言本身就可以了。很多时候，虽然学到的内容是关于外国人的，但是说出来的语言并不标准和流畅，总是夹杂着自己的口音，这种情况下内容和语言无法相互协调着向前发展。

语言控制调节模式强调自然获得与课堂学习的区别，对获得和学习的关系看法过于绝对化，同时过分低估了学习对第二语言获得的作用，但这一理论模式关于语言输入的假设较科学地回答了一个在理论和实践上都非常重要的问题，那就是学生怎样获得语言以及怎样在课堂上让学生获得第二语言。语言监控理论的输入假设认为，当学生能够理解略微超出其语言能力的语言输入时，语言的获得就实现了。这一假设在教材编写、课堂教学程序、课外语言实践活动等多方面对我国的对外汉语教学都有很大的启发。

在制作教材的过程中，要依照上面的想法，有长远的打算，把基础的单词或字以及每一句话遵循的法则放在最前面学习，这样在后面的学习过程中，就能通过真正的句子更加深刻地理解这些内容，学习得更加扎实。通过此类方法，我们对这些内容的吸收会更好，对文章的理解也会更加透彻。最开始学到的是基础的知识点，将这些内容熟记于心，通过后面的句子分析得到更加深刻的想法，在一次一次的学习中调整到最好，学生在课堂上也会有更大的收获。

如果想要将这些话语放到学生的学习中，可以通过一些电影片段或者一些新闻报道让学生学习。有了这样的想法，就要学会调整自己的内心活动，不要怕说，和别人的沟通可以让自己的语言变得更加流畅。由于每一种文化都有着悠久的发展历程，积累比较厚实，语言学习就会很受干扰。我们用其他的语言交流时要关注语言和文化两个方面的内容。这里的语言主要是指在学习时因不清楚而产生的压力，文化指的是在学习中产生的迷茫和不安。这些都会让人们产生感性的一面，从而对学习不利。在学习的过程中，要学会交流，正确地调整自己的内心活动是很关键的。

第四节　话语分析理论

一、话语分析理论概述

话语分析对语言的深入解析与学习有着非常关键的作用，是一个非常复杂的理论系统。话语分析理论包括应用语言以及方法等方面的内容，并吸收了在其他领域的有益方法和理论，如计算机、网络、心理、人类、政治等。

在话语结构的研究方面，梅恩（William Mann）和汤普逊（Sandra Thompson）的修辞结构、范·戴克（Van Dijk）的宏观结构与微观结构、拉波夫（William Labov）的叙事结构、韩礼德（M. Halliday）和哈桑（R. Hasan）关于话语成分和结构的理论都从功能出发对话语的结构进行了理论探索。在话语理解方面，范·戴克的 *Strategies of Discourse Comprehension*（《语篇理解策略》），布莱斯（Regina Blass）的 *Relevance Relations in Discourse*（《话语中的关联关系》）为话语理解提供了理论、方法和策略。所以说，话语分析的研究大体围绕话语结构和话语理解进行。

话语分析是对语境中语言如何用于交际所做的研究。话语分析的任务主要包括：句子之间的语义联系；话语与语境之间的关系；话语的语义结构与意识形态之间的关系；语篇的衔接与连贯；会话原则；话语活动与思维模式之间的关系；话语的体裁结构与社会文化传统之间的关系等。话语分析的范围包括以各种形式出现的语言，可以使我们更加精确地理解怎样使用语言以及语言的使用场合。

正确地知道语言的内在含义，可以让我们把所有的内容都串联在一起，学得更好。在语言层面上对语言的进步、前景、学习内容进行分析和比较非常关键。

从批判的角度了解语言能够在更大意义上提升教师的教育水平，还可以让人们的学习有更进一步的提升，是非常关键的内容，要格外重视。有些语种中藏匿

第五章　第二语言习得理论的主要流派

着利益关系。因此，批评语言意识就成了获得有效公民权和民主资格的前提条件。

在进行深入了解时，人们不仅要知道怎样交流还要懂得其中的道理，参与实际的交流活动。话语分析与写作、阅读理解等语言教学和语言应用息息相关。话语分析会把实际存在的搜集到的一些语言资料作为基础，希望通过归纳总结语言现象对语言的合理使用做出相应的解释。

二、话语分析理论与对外汉语教学

话语分析是比较新颖的方法，因此在很多场合被用到。

话语分析对平常的教育以及内容有着重要的作用。在平时的教育活动中，这样的体系支撑可以告诉人们如何进行交流，在何时何地讲哪些正确的语言，还可以对一些内容进行重新组织。在学习中，要知道句子的作用是什么，知道前后每一部分的结合，这样就可以更易于读懂并记住语言内容。

在阅读的过程中，图片在一定程度上能帮助人们更好地了解文字内容以及内涵。所以，在传授知识时，要学会用更加有意义的方式让学生得到更多的训练。

话语分析理论不仅对写作和阅读有非常关键的影响，对听力教学也十分重要。在听力教学过程中，听力信息量比较大，需要结合每句话的语境、内容等进行信息处理，所以学习起来比较困难。因此，教师应充分优化影响听力理解的各要素，提高学生的听力理解水平。

人与人之间的对话，即会话含意，与话语分析理论息息相关，在对外汉语教学中被广泛使用。含意理论是关于字面意义与实际意义的理论，它对自然语言中口头上虽没有明确表达实际却蕴含的意义作了明确的说明，使人们对非明说、非字面意义的认识大大前进了一步，并为自然语言的机器处理提供了重要的理论根据。含意理论对语言教学、语言习得以及翻译等实践活动都有很大的指导意义。在对外汉语教学中，会话隐含意义大量地存在于跨文化交际中，这常会引起留学生的误解，给日常交际带来困难。对这些会话隐含意义，应学会用母语与所学的语言进行比较分析，从而了解它的真实含义。

第六章 文化适应研究概览

第一节 文化适应理论的提出

一、文化适应理论的提出

早在 20 世纪 20 年代末，人们就已经从纵向方面着手研究第二语言的一些学习成果，学习的方向也从先前的简单研究学习方法到了更深层次的研讨。在之后的学习中，人们逐渐对语言进行更详尽的解释，解释的主要内容是语言的产生以及产生场地，这就是大众所说的语言机构体质。在这样的大背景下，有关语言的理论不断推陈出新，舒曼的"文化形式"也在这个时期横空出世。

作为杰出的第二语言研究的代表人物，舒曼在研究第二语言的过程中，发现学习者在学习语言的过程中效率低、时间长等劣势，学习者语言学习没有明显的进步。出于这样的困惑，舒曼进行了长时间的研究，对语言学习过程中所产生的困难从不同层面、不同角度进行了细致的剖析，最终提出了有关语言文化的专业性理论。

舒曼的成功不是一蹴而就的，而是在与同事进行长时间研究积累中获得的。他们通过对学习语言的人进行采访以及观察，深层次分析相关材料，发现不同年龄层的语言学习者掌握的语言知识往往是相近的。

舒曼及其同事从多方面对第二语言进行了剖析，对造成人类不同语言和能力的因素都进行了细致的说明。他们致力于观察内心与社会距离的差异研究，并进行资料的整合与细致的分析，以便人们更好地理解。

通过实验以及检测，研究者发现了语言中的特点。他们主要研究 Alberto 语言，而这种语言形成的目的是方便人们的交流并且简化语言表达形式。说出来的语言被称作目的语言，目的是创造语言与社会的联系，这与舒曼提到的设想相呼应。

通过 Alberto 学习过程中所体现出的问题以及众多研究者的研究结果，舒曼等研究者提出了著名的"洋泾浜假设"，这一假设更具体地阐述了影响第二语言的因素。

在这种特殊形式下，人们所说的关于文化适应性的理念得以问世，而这一理论的建立为后人进一步研究语言学习提供了更好的条件。一些学者以及研究者也在之后的深入研究中为语言学习的深层次开拓提供了更多的生命力，为后人的语言学习提供了更多的便利。

二、文化适应理论的发展

随着社会的不断发展，文化体系逐渐健全，对文化领域的适应性研究也随着众多理论依据的支持更加具体化，但这种理论文化并不是统一的，各有各的特色。因此，理论研究专家需要将多种理论进行整合归纳，人们也开始着重从空间维度等方面进一步阐述文化理论适应性的进程。

（一）单维度模型

文化的适应性理论随着时代的发展不断增添新的内容。最初是单一化的，随着时代的不断更迭，演变成了之后的主流形式（图6-1）。这也强调了各因素的适应能力，不论初始状态是什么，在自身所处环境背景的熏陶下，往往会成为最符合当下流行的形式，这是相互影响，也是相互制约的。符合大众潮流的文化形式往往与自身传统的文化素养是对立的，二者相结合的状态不同于单维度文化形式中的双文化体系。这种文化体系有着兼容并包的特点，既保留了原文化的传统形式，也开拓出了一种新兴的符合大众要求的文化审美，从另一方面反映出二者相互制约的特点。历史中的一些例子也证明了这一观点，根据这一特质，有些学者将其分成了多种组成部分，除去之前提到的传统类型以及多方共存的方式，还有一种影响力极大的影响体制。

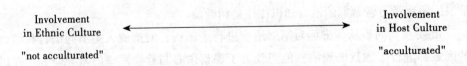

图6-1　文化适应的单维度模型

（二）双维度模型

双维度模型的出现是经过长时间的研究积累而成的，在此之前，人们普遍接受的是单维度模型。随着人类社会的不断发展，人们对于文化语言的认知不断推陈出新，面对单维度认知中存在的一些问题时，有学者提出了自己的见解。这个时候，与双维度模型有关的理论横空出世，且这些理论并非没有依据。在此方面研究最独到的是贝利，他的理论既保留了传统语言文化的韵味，又持有宽容的态度接纳外来先进的文化。这种维度有一种强烈的综合理念，但是二者之间又没有很大的关联性，这是因为若重视其中的一方面，另一方面必定会被搁置，就像天平的两端达不到平衡。为了应对这种现象，贝利提出了不同的针对性策略，主要包含四个部分，可以通过下图进一步了解（图6-2）。

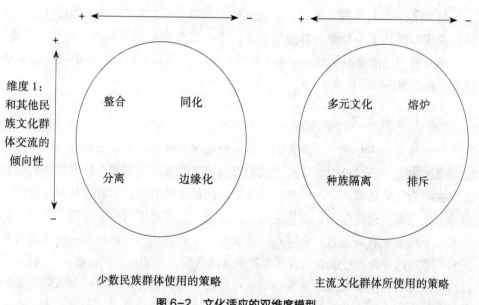

图 6-2　文化适应的双维度模型

通过双维度文化适应模式，我们可以看出这种理论下的关注度是多方面的。既要注重对传统文化的保留，也要关注与其他优秀文化的整合交流，通过融合使文化变得更加丰富多彩。图中所示的四个方式反映了生活中出现的各种问题，"整合"就是对传统文化以及日常交流的双重关注，这是一种全体性的考察；若是个人注重日常的文化交流，而忽视了传统文化的继承，就成了其中的"同化"；与之相反的"分离"便是注重传统文化的继承而忽视了与其他文化群体进行交流融合；但是也存在另一种情况，那就是既没有保持传统文化的韵味，也没有在其他文化交流中付出自己的行动，这种双方都失去情感的表现也就是这四个部分之中的"边缘化"。

贝利的双维度理论模型给后人带来了很大的借鉴作用，但也出现了不少质疑的声音，因此许多研究者就通过一系列实验对这一理论模型进行验证。例如，李（S. Lee）使用贝利研发的"双维度量表"对韩裔美国人的文化适应性进行了研究，找出了三种文化适应策略：整合、同化和分离。结果表明，同化策略最适用于那些年龄很小就移民到美国的人以及出生在美国的第二代韩裔，这些人最能适应美国社会的生活；生活在韩国文化背景中的移民适用于分离策略；整合组则对二者进行了结合，既参加美国主流文化活动，也保留了韩国文化群体活动的习惯。这些研究再一次强有力地证明了贝利的模型理论，也为以后更深入地研究奠定了理论基础。

21世纪科学技术深入发展，大众逐渐认识并深入了解了双维度理论模型。这种理论模型强调了一种兼容并包的态度，中心思想也强调了各种文化同等重要，应共同发展，也潜移默化地影响着人们生活的方方面面。因此，双维度理论模型得到了越来越多的拥护者。

（三）多维度模型

社会是不断进步的，因此人们对于理论模型的掌握仍在不断地挖掘中。在对这个课题的进一步讨论中，一些专家不再拘泥于双维度的研究，针对如今人们普遍存在的对文化认知的一些困惑，提供了其他的解决方式。学者充分利用之前提出的文化适应性理论模型，在传统与流行相结合的状况下增加了第三个维度。而这第三个维度也有着二者的相同点，这就好比早年的美国社会追求一种多文化交流的态势。这种兼容性极强的方式也就是上述所提到的同化现象，在这个过程中，我们可以体验到文化交流所碰撞出的火花。随着社会的不断发展以及人们观念的不断改变，同化不再成为主流思想，人们逐渐开始追求分离这一层面。为了有效分离，美国当起了最早的践行者。随着社会的慢慢发展，边缘化现象也出现了影踪，这一策略极大地体现出了自身的排斥心理。与上述三种全然不同的便是我们提出过的"整合"策略，它有兼容并包的特性，以宽广的胸怀容纳了自身以及外来文化的所有特质。这一策略促使加拿大等国家产生了多元化的文化发展局面，之后推广到了全世界，获得越来越多的重视。

（四）融合模型

与许多学者不同的是，除了在维度这个方面，阿连兹和维杰威在文化适应性方面也有着不同的见解和研究。他们通过借鉴前辈的经验以及论断，从一种全新的角度阐述了一个新的概念，对文化形式给出了独到的见解。他们所支持的偏向之前提到的"整合"策略，在他们的理论中，文化不应该是单一的，应具备取其精华、去其糟粕的特质。因此，这一种文化形式是极为优秀的，它结合了各方的多种优点，给人耳目一新的感觉。这是文化研究史上一个新的里程碑，得到了多方的认同，但目前的发展仍然不成熟。

关于文化理论模型方面的研究有很多说法，在适应性层面也有许多突出的问题，并没有出现一套真正适用于各种文化理论的模型。因此，如今的文化理论模型虽然具有很大的包容度，但是大体的趋势仍有助于双维度模型理论发展，由于技术以及理论基础的不成熟，对三个维度方面的理论仍处于考察之中。

关于文化层面的理论性发展不能局限于模型的商讨，为了更好地得出研究成果，学者采集了大量的数据，进行了足够的研究。最终，研究成果将文化适应性分为两个不同的方面，即个人与集体。个人角度主要针对的是心理层次，集体角度指社会文化方面。学者通过实践逐渐摸索到一条普遍性的规律，即在双维度文化适应性的规模理论背景下，具有较高社会认知度的个体对其所处环境的适应性也会越强，在不同的历史背景下有不同的适应程度。这样的整合方式并不是简单的相加，而是各种思想的不断碰撞，这是因为个人的历史背景、对生活的需求存在差异。面对不同的角色，人们往往钟情于传统的观念，但他们也会采取不同的态度。在公共环境背景下，人们往往追求对外来文化交流的高涨认同度，这也是出于对自身利益的考量，许多国家的研究者都给予了同样的观点。

第二节　影响文化适应的因素

一、文化适应的含义与种类

当前的文化发展绝不是单方面的进步，而是通过多层面的融合实现的一系列成果。此时，文化适应性再次被放大，这是跟随历史潮流的必然选择，是对自身适应性能力的考察，也就是我们所说的"跨文化适应"。"跨文化适应"是指人们处于新的文化发展背景之下作出的适应性改变，即面对新文化的冲击时有足够强大的接受能力，通过各方面的调整，在短时期内达到最大程度的接受度，以此表现自己的应变能力以及个人交往的真正水平。这里所说的跨文化适应并不是单一层面上的，它有很多表现形式，主要分为如下方面。

（1）短时间背景下的适应度。指的是出于自身的原因去新的环境进行短时期适应性学习或者交流而形成的一种文化适应能力。

（2）长时间背景下的适应度。指的是长时间居住在国外的人或者移民的文化适应能力。长时间背景下的适应能力往往强于短时间背景下的适应能力，因为时间的累积往往可以使人的认识度趋于稳定状态。长此以往，他们在面对未来的挑战和困难时能够轻松地应对，但这并不代表他们在所处的历史背景下是合群的。个人性格以及宗教信仰等多方面的差异仍然会使自己与当地群体有一定的隔阂。对他人的兴趣爱好以及生活方式难以认同，长时间的差异心理的积累，这些都会使自己变成所谓的"边缘人物"。个人心理的接受度与处于一个环境中时间的长短相关联，有的人即使在一个新环境中生活很久也依旧感觉难以融入，这是因为个人的归属感已经深深地印在脑海中，无法抹去。因此，若想真正地做到文化适应，就要以一种积极的心态面对这个问题，大多数人受单一的文化影响数年甚至一生，到最后仍然无法摆脱离开这种文化后所产生的不适感。所以，移民要实现长期文化适应，就要跨过这道沟壑。

（3）保持传统文化下引进外地先进文化的适应度。指的是本国人在与外国进行交易往来以及居住交流过程中形成的一种适应度。

（4）针对一些本地极具特色文化的适应度。指的是对本地一些特殊文化的适应度。

（5）重归文化适应。指的是长期存在却被人们忽视的问题。这种现象普遍发生在常年居住在国外之后回国的人群中。常年在国外定居导致对本国文化有了陌生感，对本国传统文化的认知出现盲区，甚至会逐渐忽视或者舍弃本国传统文化，这就是我们常说的重归文化适应度差的表现。

二、影响文化适应的因素

影响人们文化适应的因素是方方面面的，跨文化交际培训等因素会影响文化适应的过程和结果，跨文化心理学对此总结了两种理论因素。其一是焦虑处理理论。焦虑处理理论认为影响跨文化适应的因素包括社会支持、个体性格因素、民族、性别、处理文化适应问题的策略等。这种理论主要从情感的角度看待文化适应问题，突出个体特征与环境特征的相互作用，强调掌握处理跨文化心理焦虑策略的重要性。

其二是文化学习理论（culture learning approach）。博克纳（1986）与弗恩海姆是文化学习理论的积极推广者。文化学习理论强调学习跨文化知识和跨文化交际技能的重要性，主要从行为的角度看待文化适应问题，认为缺乏特定文化的知识和社会技能导致了跨文化适应的困难。由此，可以将影响文化适应的因素总结为以下几个方面。

（一）文化距离

文化距离是指自身文化与目的文化之间的差异。这些差异包括文化价值观、行为规范、语言、交际风格等，也包括宗教、政治、经济制度等方面的差异。一些学者对文化距离与文化适应之间的密切关系进行了分析。在他们看来，文化距离越大，个人要超越这些文化差异所付出的努力就越大。个人日常生活也会随之发生变化，并产生严重的心理焦虑。反之，在一个与自己文化相似的国家所感受到的文化冲击就比较小，文化适应的速度比较快。比如，去新加坡留学的中国学生就比去欧美国家留学更容易适应当地的文化。一般来说，从集体主义文化到个体主义文化，从追求平等的文化到强调等级观念的文化，从经济发达国家到发展中国家，人们要经历的文化适应过程会比较漫长。

（二）个人性格特点

文化不仅影响学识，还会影响个人的性格。比如，自身的谈吐以及应变能力都折射文化的影响。许多学者提出了相关论述，在他们看来，个人对文化的适应度往往与自身性格有很大关联，越是依赖性强的人对文化的适应性就越差。与此同时，文化适应度的强弱和个人的心态也有很大的关联，拥有阳光心态的人对文化的认知度是很高的，而态度消极的人在面对陌生的环境时会懈怠，懈怠心理不仅会影响个人发展，对社会的发展也是不利的。因此，拥有良好的文化认知度对自身阅历的增长有极大益处。

（三）期望值

期望值是影响跨文化适应过程的因素之一。期望值会使人们对一件事情的原本计划以及自身想法发生潜移默化的变化。研究者认为，假如现实的情况比所期望的情况好一些，人们的焦虑就会减弱，精神状态也会好起来。比如，当发现国外的生活其实并不像自己想象的那么艰难时，人们就会发现自己心里原本的压迫感和不适感就会减少很多。而当一个人对目的文化有过高的期望，可现实与期望却有很多背离的时候，就会产生消极的情绪。例如，许多教师希望学生可以尊敬師长、遵守纪律，当他们看到的中小学生与老师顶嘴的现实情况时，就会产生失望甚至愤怒的情绪，这正是期望与现实的落差造成的冲击。因此，拥有比较切合实际期望值的人会对文化适应过程中可能出现的问题进行更充分的心理准备。

（四）社交支持

为什么说社交支持是影响跨文化适应的一项重要因素呢？研究结果表明，与当地人多交往是文化适应的一项不可或缺的条件，与目的文化中的人交往越多，就越容易对该文化进行更深入的理解，从而使自己的生活满意度提高。一些汉语教师之所以在国外经历了很长的文化适应过程，却仍然不能完全适应国外的生活环境，一个十分重要的原因就是缺少当地朋友和社交网络的支持。所谓社交支持包括家人、朋友以及其他认识的人给予的支持。假如没有社会网络的支撑，人们就会容易产生孤独感和焦虑感，所以说家人和当地朋友的支持与帮助在文化适应的初始阶段至关重要，这种支持与鼓励会带来情感上的支持，从而减轻文化适应方面所产生的焦虑与不适应。

（五）目的文化的知识

促进不同文化之间的适应过程中，必须对当地文化进行有目的性的了解。这些特定文化的知识既包括地理、历史、政治、经济制度等客观性的知识，也包括非语言交际、行为规范、语言交际、价值观等主观性文化的知识。个人价值观对于自身文化适应度的影响尤为突出。沃德与肯尼迪（1994）的研究显示，流利的目的国语言水平在某一程度上起到不可估量的作用，对于提高个人表达水平有着直接的促进作用，甚至对社会都会产生巨大的影响。想要获得特定文化的知识，可以从两个主要途径进行：一是参加培训和学习课程；二是亲身体验这种特定文化。许多研究表明，经常参加跨文化交际能力及知识培训的人，在人际交往技巧、文化理解力等方面都比没有进行过这方面培训的人具备更高的文化适应力。

第三节 文化适应模式

一、文化适应模式的具体内容

文化适应层面的研究还在不断的补充中，从现有的研究成果来看，关于语言文字的学习是这种理论的主要表达形式。在逐渐了解文化适应的过程中，人们会经历从懵懂到适应的过渡，而真正地探究何为文化适应理论的正确模式，成了第二语言的学习动力。

任何事物都不能独立存在，每一个个体都会与其他事物相联系，在文化适应角度同样如此。作为文化理论模式中的一个重要组成部分，第二语言中的不同类型就是文化适应的一个折射。正如许多研究者所说的，这种对应关系并不是严格遵循一定规律的，不可能如图 6-3 所示的那样严整。

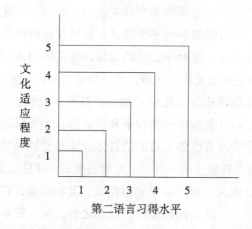

图 6-3　文化适应程度与第二语言习得水平之间的理想关系

图中的横纵坐标反映了文化适应力与第二语言之间的联系。就是说，如果一个人的文化适应能力在逐步提高，那么第二语言的学习能力也会随之提高，二者相辅相成，互相制约。

（一）社会距离

若想更好地了解社会适应性，就要了解对其有制约作用的因素，社会距离便是重要因素之一。社会距离对个体接受文化认知程度的大小有着不可估量的作用，在第二语言的学习过程中往往也起到了指导性的作用。社会距离从侧面体现出个人对语言学习的悟性与能力。在某种程度上，社会距离越近，越有利于第二语言的学习与获取。除去社会距离这一影响因素，第二语言的学习还与自身的心理有关，但较为重要的仍然是社会距离这个因素。

那么什么是社会距离呢？通过细致地研究与长时间地分析，研究者总结出了如下特点。

（1）社会主导模式。这一模式强调第二语言学习者群体与目的语群体的平等程度，包括主导地位、从属地位、平等地位三个等级。平等程度不同，即第二语言学习者所属群体的社会地位不同，对第二语言习得效果的影响也不同。

在舒曼看来，如果第二语言学习者所属群体在政治、经济、文化、科技等方面的地位优于目的语群体，第二语言学习者将不愿意学习目的语，学习效果就会很差。比如，移民到突尼斯的法国殖民者需要学习阿拉伯语，但是因为法国殖民者群体在各方面的地位都明显高于突尼斯人，他们便不愿意学习阿拉伯语，因此阿拉伯语水平不高，也导致阿拉伯语得不到很好的传播。

相反，如果第二语言学习者所属群体在政治、经济、文化、科技等方面的地位不如目的语群体，学习的效果也不会很好。居住在美国西南部的美国印第安人无论在历史上还是在今天，都处于较低的地位，这是因为他们一直保持自己的传统，拒绝被同化，拒绝外来文化的入侵，包括语言。因此，他们的英语水平很低。

文化适应性理论模式应处于比较平和的状态下，水平过高或者过低都不利于个人的发展。二者之间只有处于一种较平和的状态，才能够促进第二语言的学习以及进步。第二语言学习者群体与目的语群体应该是相辅相成的，二者只有在政治、经济、文化等各个领域达到一种相互平衡的形式，才能实现共赢。

（2）融入策略。融入，即二者要相辅相成、互相借鉴，将二者的优点合而为一，达到最优的效果，这就是同化策略。除此之外，融入策略还包含了自身的适应性，但是这样的融入策略对第二语言的学习不能达到高度的重视，也没有更多实质性的影响。

同化策略强调的是一种影响力，就是在第二语言的学习过程中逐渐接受外来优秀文化而慢慢地摒弃了传统文化的理念。两个群体间的接触在某一方面促进了对语言文化适应性的学习。

保留策略强调了一种传承的理念，与同化策略截然相反。这一策略主张保留传统，对于新兴的目的群往往采取拒绝的态度。

适应策略是同化策略与保留策略的折中，指第二语言学习群体既保留了自己的生活方式和价值观，也接受了目的语群体的生活方式和价值观。这种策略带来的学习效果由两个群体间的接触程度决定，接触越多学习效果越好。

（3）封闭程度。强调了一种合作融合趋势，提倡第二语言和目的性群体进行多层次的沟通交流，对生活中的经济、文化、设施等进行共享，以此不断降低封闭程度，拉近二者的距离。长此以往，第二语言的学习成果会持续增长，反之会事倍功半。

（4）凝聚程度。在学习第二语言过程中，群体之间内部联系的紧密程度就是所谓的凝聚力。与目的语群体之间接触的时间越长，反映出的亲密度越高，越有利于个人对第二语言的理解与学习，也会有明显的进步。

（5）群体大小。人们还会关注各个领域学习人员总数，这里所说的群体大小便是第二语言学习群体的人员总数，如果群体较小，那么亲密度就会较高，这对第二语言的学习效果是有益的。

（6）文化相似性。任何一个领域都不能孤立存在，第二语言也是如此。在此群体中与目的群体的文化相似程度越高，越有利于第二语言的学习。

（7）态度。这里指的是第二语言学习群体对目的群体的态度，既有积极的，也有消极的。

（8）打算居住的时间。这体现第二语言学习群体与目的性群体之间的联系，长时间居住对于第二语言学习的成果有极大帮助。

表6-1总结了社会距离的八项因素与第二语言习得的关系。

表6-1　社会距离与第二语言习得的关系

社会距离	社会主导模式	融入策略	封闭程度	凝聚程度	群体大小	文化相似性	态　度	打算居住的时间
有利于习得	平等地位	同化适应	程度高	程度低	小	高	正面	长
不利于习得	主导地位从属地位	保留	程度低	程度高	大	低	负面	短

　　针对上述现象，研究者进行了进一步的探讨与研究。在研究的过程中，他们发现了过去没有发现的问题。多位被研究者中既有许多的共同点，也存在一定的差异。这些被研究者所处的群体不相同，他们的差异性也由此体现出来：① 移民分为有技术支持的移民和没有技术支持的移民两种状况，有技术支持的移民，因为个人所持有的优秀技术而使他们可以有与当地人平等的地位，但是那些没有技术支持的移民所处的地位往往低于当地人；② 移民针对融合这个话题有不同的态度，对于自身持有一定技术的移民来说，他们愿意接受与环境相适宜的策略，而无技术支持的移民则保留传统；③ 由于各自所掌握的技术水平不同，移民群体对封闭观念也有着不同程度的理解，技术性的移民群体完全能够融入美国生活之中，而纯粹的工人群体则有所保留；④ 虽然技术性移民群体占绝大多数，但是在凝聚力这一方面却不及工人移民；⑤ 由于不同移民群体所持有的价值观不同，因此在与美国文化的相似度上也有极大的差异，技术性移民群体较工人移民群体来说更接近美国文化；⑥ 关于态度和居住时间的长短，现在还不能够进行比较。

从以上多方面的分析看，掌握专业技术的移民群体更适合美国文化的熏陶，也可以更快速地融入美国文化中，这一研究成果为第二语言学习进度缓慢的原因提供了很好的解释。

（二）心理距离

影响第二语言学习的因素除了社会距离，还有心理距离。这是一种相对主观的考察因素，衡量的是个人的内心情感对目的群体的距离。心理距离的远近是需要进行细致分析与考量的，若想促进自己的第二语言的学习，就要不断地拉近自己内心与目的群体的距离。

尽管社会距离的影响远远大于心理距离，但是在某种情况下，心理距离的影响会被放大。而影响心理距离的因素主要可以分为以下四个相关的方面。

（1）语言上的休克。休克就是在一段过程中突然发生的意外状况，所谓的语言休克就是一种学习过程的短暂"死亡"。在学习过程中，人们往往会由于各种各样的因素而达不到自己想要的状态，这种情况出现得越频繁越不利于自己语言的学习。

（2）文化上的休克。人们往往对于固有的知识存在着一种执念，秉持这种执念会让人难以接受新事物。当前社会高速发展，新旧文化的相互碰撞常常会使人变得迷茫，无法前行。由于社会观念的不断更迭，人们对于固有的传统思想开始质疑，而这种由于语言困难而产生的文化休克现象被研究者定义为一种自我休克。长此以往，人们会变得更加封闭，对于外界新事物的接受程度也会逐步下降。因此，要适时地调整个人状态，争取用最短的时间克服这种文化休克现象。

（3）动机。每个人的学习都不是盲目的，都有自己的目标，语言学习也有各自的目的，而这也就是人们所说的动机。有的人积极地参与到一项事物中可能是因为热爱，而有的人参与到一项学习或者其他组织中则只是单纯地为了完成自己的目标。这种行为也是我们每个人在生活中常常表现出来的，如学生常常参加的考试以及个人为了谋生而不断地投简历。

（4）自我透性。语言学习主要在于自己的主动，而非他人的助力。但是每个人的内心都像是有一道墙，对于所学的新事物往往存有戒备心理，这直接导致了个人对于语言学习有一定的抑制作用，间接地减弱了学习的自我透性，对于语言学习是不利的。

人们普遍的观念是社会因素决定了第二语言的习得，心理因素也有所体现，但却不是主要的。所以，要想高效地学习语言文化就要及时调整自己所处的社会背景，使其有利于自己的学习。除此之外，也要解除自己内心的心理屏障，以宽容的心态接受外来文化的熏陶，减弱内心的自我透性，克服心理障碍。

二、关于文化适应模式的争议

理论模式的正确性往往需要成千上万的实践论证。在针对第二语言学习群体的不断研究过程中，文化适应模式开始走入大众的视野且始终是第二语言习得领域的关注对象之一。众多的学者以及研究者开始对文化适应模式进行更深层次的探讨与研究，通过全方位、多层次地细致分析进一步阐述有关文化适应性的相关内容。

大量的研究者从最初的基础理论开始进行研究。舒曼认为 Alberto 的语言与洋泾浜十分相似，又因为有学者提出洋泾浜的形成是社会心理距离造成的，因此舒曼提出了文化适应模式，但有不少研究者提出了自己的质疑，他们认为第二语言的学习与洋泾浜的形成方式有很大的差异。在学习第二语言之前，人们往往只专注于一个领域，但洋泾浜不是单一的语言组成，其内容丰富，与第二语言大相径庭。

上述差异引起了社会各个层面人物的注意，舒曼指出，这样的比较是不合理的，二者没有实质性比较的可能性和等同面。这是因为二者之间的形成过程以及所依据的理论都有很大差距，但并不能草率地说文化适应模式是错误的，因为洋泾浜语和 Alberto 语言的相似性只是给了舒曼一个启示，激发他提出有关文化适应模式的理论模型。

面对理论纷争，学者开始对文化适应模式进行实验论证，论证的结果大相径庭，既有肯定的结果，也有否定的现象，舒曼针对这类现象发表了相关理论并进行了一定的解释。

随着社会的发展以及实验技术的不断成熟，有关文化适应的理论不断被人提及，通过学者的大量实验最终得出了社会距离的影响远远大于心理距离影响的结论。

梅普尔是一个十分著名的研究者，他在 1982 年进行了一次实验研究，即大规模实验，后来经常被人们用来证明文化适应模式。梅普尔为了研究第二语言的习得效果与社会距离的关系，采访了 190 名在美国上学却以西班牙语作母语的学生。梅普尔出了 100 道题，然后把它们组成一份试卷，用来测试这 190 名学生的文化适应程度。在此过程中，他们要应用四种语言进行答题，以表现他们的第二语言水平。根据结果显示，这些学生除了文化十分相似之外，还有其他七个社会因素也与第二语言习得关系紧密，进一步证明了舒曼的科学理论。梅普尔的研究为我们研究文化适应模式奠定了基础，同时也扩大了范围，舒曼在梅普尔的研究基础上，认为这种文化适应模式也许可以应用在没有移民的人身上。

施密特、凯利和英格兰也对此进行了研究，但结果有很大的不同。凯利

（1982）自己研究并制作了四度量表，他对 6 名西班牙人进行测验，这些人的不同是他们已移民到美国，凯利的四度量表可以很好地对适应文化程度进行检测，进而用否定和 VP 结构的使用情况测试他们的语言水平。他发现，若语言发展得十分迅速，人们不能很容易适应它；而文化适应程度高的，语言进展缓慢。

英格兰（1982）测试了 84 名成功人士，他们也是到美国的移民，英格兰也根据对文化适应模式的学习动机及第二语言学习效果之间的关系进行了测试，最后得出结论，融合型动机并不是获得成功的唯一途径。

施密特（1983）仅仅对一位 33 岁移民至夏威夷的日本人进行了研究。施密特对他的社交能力进行了评估，案例结果表明，即便他的文化适应能力很强，但他在语言交流方面并不一定可以达到很好的交流效果。

在其他学者对文化适应方面的争论基础上，舒曼还总结了如下一些关于此类内容存在争论的问题。这些问题不仅可以引起人们对这一模式研究的兴趣，而且还是引起人们辩论的源头之一。

第一，测量学习的水平和能力。在前面提到的几项测试，研究者们得到的结果和测量方式都有很大的不同，他们有的比较看重对外的交流能力，有的则以语法为基础，因此即便对同一现象进行研究也要通过不同的手段和方法。

第二，文化适应程度与第二语言习得水平两者间关系动态性的特点。在文化适应这一漫长过程中，学习者需要通过调节自身的情绪不断适应目的语群体，同时心理距离和社会距离也会产生很大的波动。但当前的研究比较狭隘，只考虑了相同的时间层面，并不能够真实全面地反映二者的关系。

第三，检测文化适应能力。在这一项研究中存在着很多的问题，最重要的就是检验人们是否能够很快地进入到这个环节。现阶段很多人是通过完成一张试卷分析结果的，卷子虽然是简单的，但是出题的时候却并不是那么容易，毕竟要包含 12 项考核内容，其中最重要的一项是自己的心理作用。就拿现在翻阅的书籍来说，研究者的研究群体和内容都不一样，所以他们的结果不同。因为不同的过程导致不同的结果是十分常见的，所以并不能准确、全面地得出结论。

第四，语言习得水平高低是否决定文化适应模式。很多学者认为，做事情的能力和谋略决定着一个人是否能够胜任工作。舒曼却不这么认为，他说这可以是评判一个人是否有能力的解释，但是并不能成为决定性因素，因为它无法对那些不成功的人士进行相应的解释。还有一点，它也不能证明非本国语言的学习能力是否与适应文化的水平有决定性的关系。

第五，测试人群的规模大小。研究者研究的个体个数大都不同且存在着很大的差异，有的研究者只是对某个个体进行测试，有的是对几个、十几个、几十个，甚至是几百个进行测试。舒曼觉得在这种前提下，文化适应模式与第二语言习得水平之间是否存在关系根本无法做出正确的决定。因为研究只有在调查对象及数量几乎相同的情况下，才能够明确得出是否能够更好地适应文化与个人学习水平能力的关系。

即使舒曼在文化适应模式上有很多不成熟的想法，也不可否认他的成就。他对非本国语言在社会方面的研究达到了一定的高度，对社会因素的分析十分透彻，拓宽了人们对外界的看法，从而让人们对两者之间的关系产生了极大的兴趣。

第四节　文化适应策略

贝利（1997）根据文化适应中的个体对现在所处的新群体的态度、自己原来所在群体对文化的适应策略进行了分类，而他所提出的两个维度的观点与文化适应的双维度理论有相似之处，凭着对自己种族文化保持的态度以及对主流文化接触和参与的态度，将文化适应的策略分为了同化、整合、分离和边缘化四种。这是对他1980年提出的文化适应态度的一个延伸。

同化（assimilation），就是指仅接受主流文化而完全抛弃种族文化。同化处于整合和边缘化之间。尊崇同化观点的人如果被所在国家文化过分同化，一旦他们回国，就会出现严重的不适应，并且很有可能受到来自各方面的批评。比如，从小就移居到国外的移居者以及在发达国家留学的第三世界留学生，就把同化视为融入主流文化的方式，并且认为只有把自己变成当地人才能融入当地社会。这样的想法显然是错误的。

整合（integration），是指既要接纳主流文化，又不能丢失传统种族文化。Benet-Martíbez 和 Haritatos（2005）的研究表明，文化认同整合水平高的个体认为两种文化是相互补充的、兼容的、混合的，而文化认同整合水平较低的个体则认为两种文化是分离的。他们的研究同时表明高水平个体会花很多时间来了解主流文化，精通主流语言。Phinney 和 Devich-Navarro（1997）的研究表明，文化认同整合水平低的人，虽然对两种文化是认同的，但他们关注的是两种文化的差异，并把这种差异看作是心理斗争的源泉；相反，文化认同整合水平高的，不会把两种文化看作是独立和斗争的，而会在日常的生活、行为中进行整合，并根据环境的变化进行转换。以往关于文化适应的研究表明，双文化个体（即持整合策略的文化个体）一直面对一些挑战，这些挑战包括整合不同的文化需求、信息以及种族歧视。在这个过程中，尽管文化认同的水平不一样，存在很多困难，但还是有许多个体经过不懈努力成功地整合了多种文化认同。

分离（separation），也就是说完全保留自身文化而全方面排斥和拒绝接受外来文化。例如，我国很多高等院校有来自外国的留学生，他们大都由学校为他们指定居住环境，他们住的地方和本地人有很远的距离，所以交流很少。在平常谈话的时候，来自外国的留学生更喜欢与和他们有几乎相同文化背景的人交谈。这种做法看似节约时间，却不利于两国语言文化的沟通，也与外国留学生当初来中国的目的相违背。

在当今社会背景下，很多人对主流文化和种族文化有很大的抵触心理，人们常把它称作边缘化（marginalization）。这对于培养人们适应社会以及文化的能力非常不利，可以说是几乎达不到任何效果。在这种条件下，种族居住的人的文化得不到传承、发扬以及推广，也不能被世界主流所发现。就拿以前加拿大土著的事件来说，当时他们的语言和文化都处于险境。根据资料，当地的土著居民只有24%的人能够用本地的语言进行交流，更让人们不能相信的是，现在已经有50多种土著语言几近灭亡或是已经消失。

调查结果表明，几个变量在预测整合和同化策略时具有显著性。总的来讲，就是参与到加拿大文化的程度和受教育程度是同化和整合的有效预测变量。而受教育程度越低的被试，边缘化和分离的程度就会越强。而 Kim 和 Berry（1985）研究了居住在多伦多大都会区受到良好教育的韩国人的文化适应策略也恰好证明了这一观点。

Lee（2003）对在美国生活的韩国人文化适应策略进行了研究，研究过程中使用的是贝利发展起来的双维度量表。结果表明，整合策略的被试参加较多的美国主流文化的活动，同时保持了参加韩国文化活动的习惯。采用同化策略的被试主要是那些年龄很小就移民到美国的人以及出生在美国的第二代韩裔；采用分离策略的移民则喜欢生活在韩国的文化中。

Tang 和 Dion（1999）研究了文化适应与性别的关系，男性较女性来讲更加容易尊崇传统文化。女性经历了更多的传统性别角色和文化价值之间的斗争，最终选择平等地对待文化适应过程，即整合所有的文化或者同化主流文化到自己的文化结构中。

Sodowsky 和 Lai（1997）的研究表明，传统意义上的文化适应与文化适应不良存在显著相关。在他们的研究中，还涉及年龄的调节作用，指出了学生的年龄与文化适应能力之间的关系，即越年轻的学生文化适应不良问题越严重，这实际上也与文化能力有很大的关系。Christine（2003）对日本、中国和韩国的移民高中生进行了文化适应研究，结果显示年龄、文化适应和文化调整的结果可以显著地预测心理健康水平。

Krishna 和 Berry（1992）研究生活在美国中西部地区的亚裔印第安移民，并且展开了深入调查。其中整合策略的预测变量包括：让孩子讲印第安语言，积极参与印第安人组织的活动，读印第安报纸以及吃美国食物。他们中的大多数人拥有美国国籍，而且受过良好教育。研究发现，食物方面、语言方面、文化方面、活动方面等可以预测文化适应策略的变量。边缘化的预测变量中出现了一条"不准备在美国长久居住"，必然会对美国文化高度不认同。

贝利（2006）以十三岁到十八岁的移民作为研究对象，进行文化适应的研究。研究表明，处于中间水平的是分离和同化策略。分离策略的被试心理适应水平适中而社会文化适应水平较差；同化策略的被试社会文化适应水平和心理适应水平在所有策略中都处于较低的水平。整合策略的被试在心理适应水平和社会文化适应水平上有最好的结果，而边缘化策略的被试则表现最差。结果表明，应鼓励青少年在保持自身种族文化的同时建立与主流文化的紧密联系。贝利还提出，整合的适应性最强，整合策略使用者的心理适应状态最好。除此之外，贝利及其同事还探讨了文化适应策略（文化适应态度）与语言、种族、心理压力等变量的关系。

Kim（1985）在研究中发现，在东道国待的时间越长，则被同化的可能性越大，越会认同自己主流文化的身份。随着韩国人教育水平的提高，他们对冲突、偏见等的意识有了新的认识，这就迫使他们重新认同其自身文化价值观。研究中的韩裔加拿大人在加拿大居住的时间越长，反而越倾向于认同其韩国人的身份。这可能是因为加拿大的大学校园鼓励学生以各种不同的种族身份存在，他们也喜欢保有他们自身的文化价值观，还有可能是因为韩国人骨子里的爱国情绪。

第七章 基于文化适应的对外汉语教师教学能力提升

第一节 文化适应对对外汉语教师能力的要求

21 世纪，我国的综合国力不断增强，国际地位也显著提升，汉语在世界上越来越流行，很多外国人对汉语产生了极大的兴趣。然而，每个国家的学习和文化背景都不相同，因此外国留学生学习汉语无疑成了一种跨越文化、种族的交流。我国著名学者吕必松曾经说过："从语言学习和语言教学的角度研究语言，就必须研究语言和文化的关系。因为语言理解与语言使用都离不开一定的文化因素。"向外国留学生传授中文的老师若没有跨文化沟通的意识，那么就算他的汉语再好，也不能够真正达到完美的教学效果，甚至几乎没有任何教学效果。

一、向他人传授汉语知识是一种跨越文化的交流

在某一种特定的语言环境下，两个国家完全不同的人可以通过一种语言进行交流，这就是跨越文化的交际。人类学家霍尔（E. T. Hall）曾经对语言环境与交际的关系进行解释，他认为语言真正存在的意义和所依赖的环境是密切相关的。没有语言环境的文字是没有任何灵魂的，因为这样的文字只是传递一种内容，并没有具体存在的意义。所以，在进行语言交流时，文字往往依赖说话的背景。

霍尔认为，语言环境与交际是一个不可分割的整体。按照交际对语言环境的依赖，我们可以把语言环境分成高语言环境和低语言环境两个部分。像是天平的两端，在较高语言环境中，两两交谈的人更加注重背景，因为他们所讨论的内容和话题都蕴含在背景条件下；在低语言环境中，人们往往更看重所说的语言，因为有很多东西需要交流才可以让他人知道。所以说，在不同的文化中，交流方式所占的比重也有所不同。根据这一现象，霍尔划分了高语境文化与低语境文化两

大部分。像美国、德国这样的北欧文化侧重于低语境，他们认为言传身教更重要。许多亚洲地区，如中国，崇尚高语境文化，你要能够真正地理解对方的意思才可以，这也是人们总是说只可意会，不可言传的原因。

针对以上情况，对外汉语教师要更加注重语言环境对跨文化交际的影响。无论是中国教师教学生外语还是到国外对汉语进行讲授，主要前提都是一个跨国家、跨文化的交流方式，然后才是真正的教学内容。这种教学和中国教师对中国学生传授知识以及语言文化的方式是完全不相同的。

二、对对外汉语教师跨文化交际能力的具体要求

袁新对对外汉语教师的对外交流能力进行了说明，他在《跨文化交际与对外汉语教学》中提到，若想在真正意义上对留学生传授汉语知识，对外汉语教师不仅要具备语言学的交流能力以及科学理论，还要熟悉、了解中国和其他国家的文化差异。我们认同这样的看法，而且前面提到的本国文化、语言环境和交际能力之间的关系也相应地对教师进行了一定的调整和进一步管理。调整的具体内容要求表现在以下几个方面。

（1）向他人证明能够通过看图理解意思。

（2）将两门及以上语言进行对比。必须掌握不止一门外语，还要熟悉单词、语境和语言运用，然后和本国语言进行比较。

（3）具有可以创建合适语境的技能。在与外国留学生交流的时候，要学会寻找合适的语境让留学生尽快融入，而且要减少文化差异引起的不必要的矛盾。

（4）增强语言交际能力，用多种方式交流。

对外汉语教师除了每天给学生上课之外，还可以在闲暇之余阅读一些与心理学以及交流方式等相关的课外书，提高自身的语言素质，掌握每一种文化间的联系和不同，进而完成文化对语言和语言交流影响的探索。

三、在对外汉语教学中，具备一定的语言环境建造能力

通过上文提出的交际能力应该具备的条件，我们了解到跨文化语言环境的构建能力是必要的。对此，我们可以总结出两点原因：一是因为对外汉语教师在教学的过程中，只依赖课本。只有在教学中真正地引用生活中的语言环境，才能让学生体会到语言学习的乐趣，并产生学习兴趣。二是因为留学生的文化背景不同，但是在学习新的语言内容时，总是会运用到自己已经学会的综合能力，通过自己的方式理解教师上课所构建的语境，这样就很容易造成理解上的偏差。所以，对外汉语教师必须有强烈的跨文化交际意识，这样才能够让学生更好地理解语言知

识，并且能够在最大程度上减少偏差和误会。

由于语言教学涉及的范围非常广泛，对对外汉语教师的要求也就十分严格，他们应该具备的能力和素质必须很高。下面将从语法、词汇、语言运用三个方面详细地介绍对外汉语教师在跨文化教学过程中不可缺少或者必备的能力和条件。

（一）语法方面

语言在不同环境下所应用的语法也不同。语法结构有固定模式，它以单词、短语和句子为基本组成。语法具有抽象性、系统性和民族性，因此对外汉语教师在向学生传授语法知识的时候，要根据语法的特点构建语境以提高效率。

例如，一些情态补语和可能补语一直都是学习的重点和难点，而且这种语法在其他语言中还很少见，因此外国学生很难结合自身的知识理解和运用新的语法。尤其是可能补语中"动词＋得＋形容词"的肯定形式与情态补语"动词＋得＋形容词"的肯定形式完全相同。如果结构中的形容词是单音节多义形容词，就更容易产生歧义。

当问别人："这篇作文你写得好吗？"（A.问写的作文的水平怎么样；B.是否写完了作文或者是否好写。）

回答："这篇作文我写得好。"（A.写的作文质量很高；B.有能力把作文写完。）

在没有统一的语言环境下，这两种说法都是正确的。但是对外国留学生来说，他们的汉语感觉不太良好，若没有特定的语境，几乎不能明白交流的人在说些什么。

在普遍情况下，对外汉语教师会让学生运用、理解课本中的知识以及相对应的语法，如加上某些副词、形容词、修饰词，但是这种方式并没有起到很好的效果。因此，对外汉语教师应该给学生营造不同的语言环境，以便学生更好地进行判断，这样不仅能轻而易举地解决问题，还能起到帮助记记的效果。

如果"这篇作文你写得好吗？"这句话是在写作文之前问，那么意思就是在说是否能够在规定时间内完成写作。"这篇作文我写得好"就使用了可能补语。

学生如果在完成作文后被提问"这篇作文你写得好吗？"那么代表在提问这篇文章的水平怎么样。"这篇作文我写得好"就使用了情态补语。

（二）词汇方面

词汇和文化之间的联系是最紧密的，单词和句子的意思一般会从三个角度考虑和研究：单词所对应的词义是否广泛、有没有对应的形容词、形容词的感情色彩是否与语境一致。其中，词义范围大致相同的词汇是外国留学生所不能把握和确定的。因此，对外汉语教师在对外国留学生进行授课时，可以通过让他们身临其境体会不同的感受，进而更好地理解单词之间的不同。

例如，我们谈到"热闹"一词时，汉语和英语就有很大的不同，虽然两种语言都有"吵闹"的意思，但是所带的感情色彩有冲突。

在我国，人们都很喜欢其乐融融地坐在一起，如同学聚会、举办典礼或者亲人团聚等，大家都会用"热闹"这一词进行修饰。"热闹"早已成为中国人对喜欢的传统集体活动的赞美，虽然热闹的时候环境会很嘈杂，但大家对此都能接受。然而，外国学生对这种现象表示不理解。他们认为在公共场合大声说话是不文明的表现，并且不能接受别人与自己的距离过近，不遵守"一米的距离"。外国人评价餐厅好坏的标准是餐厅的环境是否安静，而这与中国人的看法完全相反。

因此，当外国留学生用"热闹"一词造句的时候，他们就会露出很难看的表情。比如，当我们说今天周末，操场上人非常多，很热闹。在他们脑海中浮现的将是一幅拥挤、嘈杂的画面。他们自然而然地把热闹当成了贬义词。所以说，教师在教学的时候，必须将词语带入合适的语境中。例如，可以这样造句：每当过年的时候，大街上就会很热闹。这样外国留学生就可以更好地理解"热闹"的褒义色彩。

（三）语用方面

外国留学生在用单词造句或者写作文的时候，他们的语义和语法几乎没什么问题，但是如果中国人读起来，就会觉得这句话说得不好听。人们认为这种情况是因为这句话与当时语言的环境严重不符。在这种情况下，对外汉语教师就应该把汉语和外语结合起来进行教学，使学生正确理解语境。

对此，教师应做到以下两点：首先，要模拟文章中的语境，培养学生在不同语境中自觉运用汉语的能力。因此，对外汉语教师要在课前认真备课，并且时刻关注自己设计的语境是否合理。

除此之外，随着时代的迅速发展，有些课本上的老旧知识已经不能满足当今的需要，这就要求教师在备课过程中对课文有所修改、删减。

其次，构建不同的语境，让学生对不同的语境进行联系和区分，从而培养学生自觉灵活地运用多种语境的能力。这有利于学生将课本内的知识运用到课外生活中。

就拿课本上的内容来说，人们介绍人物的时候都会说"这是谁""那是谁"等。但是这两者都是人们向他人介绍第三者时使用的句子。当进行自我介绍的时候，人们应该说"我是谁"或者"我叫什么"。无论是面对面交流还是打电话、发邮件，这种介绍的格式都不会发生改变。但是有一些初级或者刚入门的留学生则不这么认为，他们以中文向他人打电话或者发邮件介绍自己时，都会说或写"这是谁"，因为这已经成为他们的一种习惯和自然而然的意识。

例如，"老师，您好！这是奥斯卡。我们今天晚上有课吗？"（根据外国留学生与教师的电话内容转写）

因此，教师在教学的时候不能只传授知识，还应该认识到非本国学生的文化背景和语言运用的习惯。比如，你可以告诉他们打电话或者发邮件的时候应该怎么说话。教师必须提醒学生要时刻注意语言环境和语言交流间的关系，所创建的句子必须合理可信，语境只有达到一定的真实性才能更好地传授知识。

根据上面的总结，外国留学生就能更好地了解中国文化和中国汉字的魅力与博大精深以及两国语言之间的差异。在当今社会，外国留学生学习汉语知识已经不仅是文化的传播，更有经济与综合国力方面的教学，还可培养一种两国间文化交流的感情，搭起一座友好沟通的桥梁。因此，教师在教学的时候除了要增强自身素质外，还要转变传授知识的态度以及策略。

第二节　对外汉语教师能力体系的培养与发展方向

若一个人的能力非常好，则他的素质也不会太差。素质是能力的基础，能力是素质的延伸。对外汉语教师的能力体现在教学过程中，包括所教的科目以及普通话水平，还有对跨文化知识的了解。最重要的是教师必须全方面发展，不仅要对自己所教科目熟悉，还要了解相关知识。教师教学过程不能死板，要活学活用，懂得创新，而且要学会理论联系实际。上述内容可以总结为以下几方面的能力。

一、基础能力

（一）多学科多课型教学的能力

对外汉语这一学科的特点决定了教师必须具备综合能力，不仅要具有过硬的专业素质，还要具备理解其他学科的能力。只有这样，教师才能深刻地理解学科之间的联系与差异，明确学科之间的界限，从而更好地帮助学生掌握教学内容。简而言之，就是上听力课的时候要专注于听力；综合练习时要集中精力于综合训练。另外，如今教师资源紧缺，去国外教学的教师逐渐减少，很多地方出现了师资和课本短缺的现象，教师可能需要同时担任不同学科的教学，这就对教师的综合能力提出了更高的要求，因此教师要在平时多听课，弥补自己的不足，不断地丰富自己的教学经验。

（二）普通话水平

不管是在中国还是其他国家，教师在向学生传授知识的时候，必须说现代汉语普通话，并且要通过普通话测试。俗话说，言传身教。教师的行为和做法无时无刻不在影响着学生。因此，教师必须说标准的普通话，这样学生在教师的影响下，才能说出一口流利的普通话。在小学学习的那些声母、韵母中，教师的鼻音等发音要特别标准，这样在优秀的语言基础上才能教会学生如何更好地发音、说话以及辨别他人的声音。

（三）跨文化交际能力

学生在学习汉语的时候可能会遇到"文化休克"以及"文化依附"，这也是挡在跨文化交际面前的障碍。每个人都了解学习语言的重要性，对外汉语教师在学习过程中扮演着十分重要的角色，只有教师教得好，学生才能更好地理解。才秀颖在《跨文化交际者应该具备的十二种关键能力》中，总结并梳理了教师应该具备的条件，如表7-1所示。

表7-1 跨文化交际者十二种关键能力

序　号	能　　力	提出者	提出年份	具体内容
1	自我展示的能力	Bochner & Kelly	1974	构成沟通能力不可缺少的要素，指交际者愿意表露那些不在沟通对象掌握范围之内的信息
2	自知之明的能力	Spitzberg & Cupach	1984	交际者需要具有了解自己、洞察自己思想和约束自己言行的能力
3	社交关怀的能力	Spitzberg & Cupach	1984	交际者对交际对象的人文关怀，使其不自觉地摆脱焦虑情绪，进入轻松、愉悦的交际状态
4	获得信息技巧的能力	Bochner & Kelly	1974	交际者了解并使用交际对象本土语言的能力
5	实施弹性行为的能力	Martin	1987	在跨文化交流中，交际者应该具有实施弹性行为和多变的工作策略的能力

序　号	能　力	提出者	提出年份	具体内容
6	交往介入的能力	Cegala	1981	强调交际者应全神贯注，具备较强反应能力，还具备敏锐的观察力；强调顺应他人的行为能力，交际者应迅速沉浸在沟通中，并迅速对所发生的事作出回应
7	社交技巧	Bochner & Kelly	1974	在交际中交际者入神的程度。所谓入神就是在交际沟通时把自己摆放在对方角色的位置上，进行换位思考的能力
8	心理适应能力	Fumham & Bochner	1982	交际者从心理上逐渐与交际对象磨合以及与新环境契合的调适过程
9	文化知识	Oliver	1956	交际双方对东道国文化、风俗、习惯、伦理、社会规则等环境或文化变量的理解和掌握
10	语用移情能力	Gudykunst	1984	对于一个效率极高的交际者来说，语用移情能力是最为关键的一种能力。"移情"（empathy）被定义为"分享他人情感或思想的能力"
11	偶发成分	贾玉新	1984	对某些问题的突发性提问
12	合作原则	Grice	1975	按交际双方的需求提供尽可能多的信息，并确保信息的真实、简洁和有条理

根据表7-1总结的十二种跨文化交际能力，并结合对外汉语教学的特点和性质，人们认为对外汉语教师应具备的基本跨文化交际能力包括以下几点。

（1）语言交际能力。在与他人交流的时候必须有一定的手段和方法，使大家更好地融入环境中，这是一个人的本领和技能。

（2）语言学理论的掌握能力。除本国语言外，应再学一门外语（即便不是非常了解），这也可以增强自己的社交能力。

（3）有效交流能力。每个人的风格都不相同，在说话过程中人们必须具备了解别人风格的能力，通过某些现象挖掘更深的层面，慢慢接触下来，就会发现这个人到底值不值得你去交往。

（4）掌握本国文化以及国外文化的能力。这不仅需要日常的积累，也需要每天观察他人的行为举止，取长补短。因此，必须有虚心学习的态度，进而培养自己接受国外文化的能力。

（四）发现问题的能力

1.发现学生的问题

教师在授课的过程中面对的不仅是本国的学生，还有很多留学生。他们在语言和衣食住行上都会有很大的不同，这就让他们产生陌生的感觉，这样的环境很容易让学生产生消极的态度，会直接影响学生的学习成绩。因此，教师必须时刻关注学生在生活方面的问题，进而帮助他们解决问题。

2.发现教学中的问题

教学活动是由教师、学生、教材、教学计划、讲授知识的技术方法以及教学进度等很多因素组成的活动。尤其是教学进度，这一点十分重要。如果教师讲得特别快，学生就很难接受；如果进度太慢，就完不成学校的教学任务，学生也会觉得特别简单，进而不愿意学习。在授课过程中，教师必须时刻观察和监控，充分考虑教学方法是否运用正确、多媒体教学是否能够真正地激发学生的学习兴趣等问题，并且对这些问题进行及时解决。

3.发现有研究价值的问题

汉语和外语是相辅相成、相互促进、相互约束的。中国人在学习外语的时候把汉语当作基础，并在汉语基础上进行扩展和理解，这样才会发现他人所发现不了的东西，找到真正的价值，积累更多的经验教训。

（五）学习外语的能力

学习外语的能力主要是学习英语的能力，因为大家与英语的接触最多。

大家可以在生活中发现语言的美。有很多人喜欢听音乐，他们可以通过听英文歌等提高自己的英语能力。零基础不可怕，只要努力学就可以成功。在交流的时候，教师必须尊重对方，然后用学到的知识帮助外语不太流利的学生解决问题，但在这个过程中要避免产生误解。最后，教师可以多读一些英文书，然后及时反馈学习到的外国知识。

二、高级能力

（一）理论联系实际的能力

理论对实践具有不可替代的指导意义，对外汉语教学同样需要理论的指导，很多教师、研究人员已经在这方面做出了很多努力，如表 7-2 所示。

表7-2　各相关理论在对外汉语教学中的应用

应用范围	理　论	应用者
对外汉语教学	配价语法理论	陆俭明（1997）
	汉字加工理论	陈慧（1999）
	语境理论	王末（2000）
	自主学习理论	金辉（2001）
	中介语理论	凌德祥（2003）
	汉语焦点理论	赵清永、孙刚（2005）
对外汉语词汇教学	配价理论	邵菁（2002）
	认知心理学理论	刘潇潇、毛贻锋（2005）
	语境理论	李立新（2006）
	字本位理论	戴雪梅（2003）
对外汉语阅读教学	图式理论	戴雪梅（2003）
	关联理论	刘晗（2010）
对外汉语语法教学	《说文解字》中的六书理论	刘博（2008）
对外汉语写作教学	过程体裁写作理论	吴双（2008）

对外汉语教学需要理论指导，同时需要教师具有理论联系实际的能力，否则只知道刻板地应用理论，还不如不用理论。在对外汉语教学中对症下药才是最重要的，教师要选择适合学生的方法。在结合实际情况的时候，要注意下面这两点。

（1）课本中出现的理论知识一定要有自己正确的理解，而且必须进行深入研究，这才是正确的使用方法。不能因为有了现成的东西就不去琢磨，这样只会付出多倍的努力，而且得不到很好的结果。

（2）活学活用是很重要的，在学习中一定要灵活。除此之外，教师还要结合学生自身的特点和学生擅长的内容调整教学过程中的备课情况。

（二）运用现代教育技术的能力

1. 多媒体的技术优势

施莎在《从 SKYPE 看信息时代现代多媒体技术在对外汉语教学中应用的必要性》这篇文章中说明了多媒体技术的好处，主要总结了多媒体技术和功能的三个方面的优势。

首先是综合性。多媒体能够对音频、视频、图片进行高级处理，实现人机交互式操作，可以将图文、声、像融为一体，使教材的艺术性、科学性、交互性得到结合。多媒体在生活中应用十分广泛，既可以应用于多媒体开发软件，又可以利用音频进行网络课程教学，教师也越来越多地使用电脑课件供学生观看，这样不仅节省了大家的时间，也能够让学生更加有兴趣投入其中；其次是跨越时空性。多媒体可以把很远之外发生的事情呈现出来，这样教师可以用事实向学生证明这件事情的可信度，使课程不再枯燥；最后是智能性。多媒体可以根据教师的教学进度控制课程的效率。

2. 多媒体技术应用于对外汉语教学的优势

陈晨在《浅谈多媒体语言教学在对外汉语教学中的优势与劣势》一文中比较详细地列举了多媒体技术在对外汉语教学中应用的优势。

（1）提高了教学效率，节省了课上时间，增加了授课量。传统的授课方式枯燥单一，就是教师拿着课本讲课，并且必须在规定的时间内完成教学任务，没有充足的时间结合生活实践对知识进行延伸，只凭一张嘴和一本书很难对某些知识进行深入的剖析。因此，学生对知识的理解不够透彻，很难从意义、语法和运用这三个层面真正掌握一个词，使学生很难将知识运用到生活中。但多媒体的出现，使教学过程发生了很大的转变。教师的授课方式由纯理论教学向视频教学过渡，通过多媒体体现的教学内容使学生更加深刻地理解知识的内在意义，激发他们的学习兴趣，从而提高学习效率。

（2）多样性的知识来源会激发学生的学习兴趣，有助于学生的学习和记忆。在没有多媒体的情况下，教师基本没有可能向学生展示图片或者视频。随着多媒体走进教学，教师摆脱了传统的教学模式，不再单一授课，通过影像、动画等手段丰富了教学内容，将知识完美、精彩地呈现给学生，使学生产生新的感受，从而强化了记忆，提高了学生的学习效率。

（3）视听媒体在汉语言文化环境模拟再现和语言文化信息大量输入方面有着无可比拟的优势。大多数文化是通过语言呈现的，文化背景同样重要。21世纪，各个国家的文化、政治、经济交往频繁，这让大家越来越看重文化这一方面。学习语言的过程也是学习文化的过程。因此，教师在讲授语言知识的时候必须引用文化背景，提高学生的自身素质和文化修养。在用多媒体讲授知识时，教师和学生可以通过视频对这个国家的文化有更加深入的了解，这也使课堂变得更加丰富多彩。

（4）有效地促进汉语学习的进程，并有利于促进学生综合技能的提高。

（5）多媒体可以提供逼真的言语交际环境，有利于提高学生的言语交际能力。

下面举例说明多媒体技术在对外汉语教学中的应用。

在词汇教学方面，运用多媒体可以使学习变得更加高效，提高学生的学习效率。从基本、一般再到专业的高级词汇以及动词、形容词之间的关系，多义词、同义词之间的关系，这样的教学内容都可以通过多媒体直观地表现出来。

在学习汉语的时候应用多媒体可以激发学生的学习兴趣，因为它可以展现出远古时代到现代汉字的变化。教师还可以在其中添加一些学生感兴趣的元素，然后应用音频让汉字变得生动起来。教师可以借助多媒体手段，解决书写汉字的笔顺以及行笔方向等问题，也可以利用多媒体技术制作小动画，综合发音、笔顺、词汇、行笔方向等。

教师可以将学生好的作品用多媒体技术投放到大屏幕上，刺激学生的感官认知，从而让学生对复杂的语言有更直接明了的认识，帮助学生了解单词以及语法在写作方面如何运用，也可以把汉语的标点符号以及修辞手法这样的高级文化知识表现得淋漓尽致。

不同的多媒体在写作方面发挥的作用是不一样的，它们都各具特色。在初级阶段，人们可以应用它看图写作文，让学生发挥自己的想象力，或者让他们描述图片所表达的内容，也训练了他们的写作技巧；中级阶段，可以让学生通过看电影或者戏剧表演的方式写一篇读后感或者观后感；到高级阶段的时候，可以让他们通过看一张图表，以演示的方式写一个调查报告或者论文。

（三）科研能力

第斯多惠是德国教育家，他说："正如没有人能把自己没有的东西给予别人一样，谁要是自己还没有培养、发展和教育好，谁就不能培养、发展和教育别人。"

对外汉语教师可能会有这样的感受，备课中经常碰到一些问题，如如何教会外国人正确地使用"了"，在语音教学阶段如何处理音素和语流的关系，应当怎样处理意义、结构和功能的关系才符合汉语规律和汉语学习规律。但往往查遍资料也找不到切实有效的解决办法。这是因为汉语语言学和对外汉语教学理论界至今尚未完全解决这些问题。这种现状就要求教师必须边备课边探索、研究。对外汉语教师必须具备科研创新能力，尽管对外汉语教学已有了几十年的历史，但对这门学科的理论研究还不成熟，很多教学问题还缺乏科学的理论作指导。因此，就这一方面而言，对外汉语教师必须具有一定的科研能力，从事一定的科研工作。

国际语言学会会长、北京大学陆俭明教授提出了对外汉语教学应以科研领航的观点。教育科研有利于教师发挥自己的主观意识，尽量不受客观条件的束缚，这样就不会总是被困在索然无味的教学工作里。与此同时，获得的是精神世界的愉悦感和满足感以及自身精神世界的升华和人生价值的提高。这也有利于进一步改进教学工作，从而提出有效并可加以实施的改革方案，同时可以提升教师的自我认识和反思能力；对外汉语教师必须努力增强教育科研能力，应对对外汉语教学国内外的研究和发展情况进行全面的了解和研究，争取在国际化的大背景下发展对外汉语教学理论和学科理论。

以上是从教师个人的角度进行分析说明的。从高校的角度来看，没有科研，教学就会失去方向，失去向导，学校将沦为末流高校。教师则会沦为教书匠，只会埋头教学，不会科研创新。而没有教学，科研将成为无本之木、无源之水，科研和教学是高校赖以发展和生存的基础。两者是互相依赖、互相促进的。教学与科研结合才是当代对外汉语教师高素质的体现，也是高校发展的必要条件。

第三节　对外汉语教师教学能力的提升路径

一、高校对外汉语教师跨文化交际能力的现状

高等教育是培养人才跨文化交际能力的最重要、可行性最高的阶段，而对外汉语教师的跨文化交际能力在其中发挥着举足轻重的作用。随着经济全球化和社会网络化以及中国对外开放的不断深化，除了要提高对外汉语专业人才的数量以外，更重要的是普遍提升对外汉语专业人才对外汉语素质，这其中最重要的是立足国内接纳外国公民、走出国门进行有效交流的跨文化交际能力的提升和加强。

我国对外汉语教师对目的语文化的敏感性和反应度不太高。在他们本身的知

识结构中，跨文化教育成分实际上是十分短缺的，而相对地可以看出"语法老师"的角色更为明显。然而由于对跨文化交际课程研究不深、学习不够，教师没有强烈的意识要把这一块内容专门传授给学生。

追根溯源，我国高校对对外汉语教师的跨文化交际能力的培养不够重视。不少高校在关于对外汉语教师的课程设置、培养目标、教学方法及内容，尤其是教学评估上缺乏有关文化适应基础上的对外汉语教学能力的明确标准，也使学校教师的跨文化交际自修和实践、跨文化交际培训处于无可作为、无章可循的混乱状态。其次是在岗教师没有得到持续的教育。对外汉语应用形势每一天都在发生着新的变化，而不少高校对外汉语教师仍然停留在入职前的教育水平上，教师参与进修的机会变得越来越少，尤为突出的是跨文化交际能力的实际训练太少。许多学校将在职培训与入职教育混为一谈，低效且没有规律地重复运行，没有自觉系统地培养具备跨文化交际能力并能够将跨文化交际能力传授给学生的对外汉语教师。也有不少人在涉外交往中仍不时地把母语式的思维方法移植到第二语言表达中，认为不同国家文化的基本方面是没有什么差别的，无视文化之间的差异。总的来说，最重要的原因是许多高校对外汉语教师即使是毕业于师范院校也没有认真学过跨文化交际类课程。

培养跨文化交际能力是对外汉语教学的最终目的。现代社会的发展使对外交流变得越来越频繁，越来越多的高校开始重视学生跨文化交际能力的培养，也注重从对外汉语教师抓起，通过出国进修、访问交流、引进外教等多种途径努力提高对外汉语教师的跨文化交际水平。可是面对越来越广泛深入的跨文化交流和越来越庞大的交往需求，大多数高校对外汉语教师的跨文化交际能力仍然有待提高，就好比自己只有一碗水，而能教给学生的最多只有一杯水甚至几滴水，这远远不能满足学生涉外交往的需要。

二、高校对外汉语教师跨文化交际能力提升路径

（一）提升跨文化处理实际事务的能力

高校要更多地把对外汉语教师的教学与学校的出境交流活动、外事活动结合起来，让对外汉语教师能够有更多的实践机会亲临对方国家，在实践中提升跨文化处理事务的能力。除此之外，有机会出国实践的对外汉语教师也要充分利用在外交流的机会，更多地单独行动，努力给自己一些目标任务，通过跨文化交际完成任务。教师一定要近距离地接触国外的鲜活实事、风土人情，增强在国外语境下互动交流的能力。对外国朋友来中国举办的各种活动，要鼓励对外汉语教师带

着学生提供志愿服务，在服务的过程中做一些实事。跨文化交际的最终目的是解决贸易问题或进行商业合作。最终结果是检验跨文化交际能力的"最高标准"。通过与对方国家相关人员和组织的交际解决实际问题，应当成为高校对外汉语教师跨文化交际能力提升越来越主要的内容。

（二）提升跨文化语言交际能力

提升跨文化交际能力首要的是提升跨文化语言交际能力。这是因为对外文化交流首先是语言的交流。对外汉语教师必须充分利用现代化的教学手段，创设良好的跨文化语言交际环境，与学生形成互动关系，共同提升跨文化语言交际能力。例如，与外国人进行语音通话，在与外国人的互动中实现对外汉语跨文化交际能力的提升。高校要为对外汉语教师提供更多、更真实的交流机会，要充分借助信息社会和网络时代的便利，与外国学校和机构构建交流机制，创造交流环境，让高校对外汉语教师经常在这样的环境中充分地讲、大胆地说。同时，要大量阅读对方国家的图书以及相关刊物，通过文学作品以及社会生活资讯了解对方国家的文化特质，进而为培养对外汉语教师的跨文化语言交际能力创造条件，这对教学实践来说也是非常好的提升。

（三）提升跨文化非语言交际能力

跨文化非语言交际能力是文化交际能力的重要组成部分。在日常交往时，我们常常会有意无意地发出或接收非语言信息，会通过这些信息做出我们的交际判断。但是，在两种不同文化中，相同的非语言行为有时候所要表达的社会文化意义是不同的。比如，英国人常用拥抱或亲吻来表示感谢，而中国人则常用拱手、鞠躬表示感谢；美国人习惯用手指胸膛表示"我"，而中国人则习惯用手指鼻子表示"我"；美国人在急不可耐的时候会跺脚，而中国人非常气愤时才会跺脚。这些肢体语言是非常重要的，也需要通过对外汉语教师的教导让学生基本掌握，以免学生在对外交往中"说得非常中听，举止让人失望"，这也可以避免他们犯细节性的错误。这样的错误包括在与英国人交流时用食指指引方向、在与美国人交流时用手指自己的鼻子等。这种非语言交往能力更需要有实际环境，更需要在实践中积累和养成。高校对外汉语教师的非语言行为表现也是影响跨文化交际的一个重要的因素，是提升跨文化交际能力尤其要重视的内容。在面对面交流的过程中，语言往往只占交流信息的 35%，其余信息都是通过非语言交际进行传递的。

三、高校对外汉语教师跨文化交际能力提升的保障

（一）创新思路、形式和机制以有效地促进教师跨文化交际能力的提升

要高度重视高校对外汉语教师的短期海外培训，着重引导教师了解对象国的风土人情和日常生活，避免其依赖课堂教育，可通过博物馆、音乐会、远游访问等课堂外交际的方式提升教师的跨文化交际能力。要鼓励教师深入体验对象国民众的生活，在对象国语言的环境下增强与人交流的能力，加深对对象国文化的理解。此外，要鼓励对外汉语教师抓住培训机会，多到当地的语言培训中心的课堂上听课。在思想重视的基础上，要充分运用各种资源、锐意创新，努力以更多的措施来促进对外汉语教师的跨文化交际。

（二）教育主管部门、高校及教师本人要高度重视

高校要把跨文化交际能力作为学校核心竞争力的有机组成部分，把提高跨文化交际能力作为学校迈向国际化的重要措施。要开展不同层次、不同级别的跨文化交流培训项目，通过"资格认证"的方式对对外汉语教师跨文化交际能力予以肯定。学校要指引对外汉语教师注重跨文化知识在对外汉语教学上的应用研究，以提高学生的跨文化交际能力，促使教师向跨文化型转变。要从实践机会不多、出国机会不多的事实出发，充分利用现代网络和计算机技术，复制或创设各种各样的情境，想方设法将跨文化交际的平台做大做强，让教师在共建共享的过程中共同提高。以对外汉语教师为核心，由重点到一般，由骨干到全员，着力培养学校的跨文化交际领军人物和杰出人才，使跨文化交际成为学校的特色。主管部门要认识到人才必须是面向世界的，中国的大学生越来越需要具备基本的跨文化交际能力。而实现大学生跨文化交际能力的提升首先要重视高校对外汉语教师跨文化交际能力的系统化、深度化提高，要把这方面的内容列入考核和评估指标。要构建对外汉语教师跨文化教育培训体系，规范跨文化教育的内容。跨文化教育不仅要实现与目的语国家人员的有效沟通，而且要尊重、理解外国的文化。

总而言之，高校对外汉语教师跨文化交际能力的提升，事关高校竞争力的提升，事关国际型人才的培养，因此应得到各方面的高度重视。各方面要不断完善其内涵，创新举措，优化路径，将这项艰巨的任务落到实处。

第八章　基于文化适应的对外汉语教学策略研究

第一节　对外汉语文化教学中存在的问题及成因分析

一、汉语习得者文化适应能力的培养中存在的问题

（一）教师培养意识有待加强

在备课参考资料的使用、课堂教学目标的设定以及课堂教学方法的选择上，我们可以看出，对外汉语教师对学生的文化适应能力的培养的目的性不够强。

教具与备课资料的应用受限反映出教师对汉语习得者的文化适应能力的培养意识不够。相关访谈获得的数据显示，在教具的使用上，对外汉语教师不能选择有助于进行交际情境训练的教具。绝大多数课堂教学除了使用教材之外，未使用实物类型的教具，未出现布置真实交际场景的教学案例。可见，对外汉语教师的教学视野有一定局限性，不能有意识地进行文化适应能力的培养。在备课资料上，对外汉语教师备课时使用的 81 项参考资料中，有 10 项是教材，教材以外的 71 项中，语言类工具书有 34 项，如《现代汉语规范词典》《现代汉语八百词》，将近占了教材以外资料的一半。HSK 大纲及试题有 6 项，而 10 项网络资料和 3 项期刊论文涉及的资料中绝大多数为语言学研究资料。还有未明确提及跨文化交际方面的资料，13 项文化类图书主要是文化知识类和文化专项技能训练类资料，如《中国传统文化》《民间艺术》《齐白石花鸟画》等。

对教学目标的设定能反映出教师培养汉语习得者的文化适应能力的意识尚待加强。课堂教学目标的设定，一般需要设计知识目标、技能目标、情感目标。这和培养文化适应能力的宗旨相契合，但是对外汉语教师往往只注重知识目标与技

能目标，并没有将培养文化适应能力与情感目标联系起来。这说明对外汉语教师没有明确的培养文化适应能力的意识。

虽然语言知识与技能是文化适应能力培养的重要组成部分（主要体现在跨文化焦点互动能力方面），但是由于没有明确的文化适应能力培养目标，对外汉语教师很容易只关注语言知识教学，而不注重跨文化交际互动。

课堂教学过程反映出教师的培养意识需要强化。在课堂教学方法的选择上，多数教师采取讲练结合或讲授为主的方式，重在语言知识讲授，辅以语言技能训练，不能突破传统教学模式，不能以培养文化适应能力为主旨设计与跨文化交际实践相关的教学活动，可见对外汉语教师培养汉语习得者文化适应能力的意识薄弱。

培养文化适应能力虽然被明确为第二语言教学目标，对外汉语界也主张将培养文化适应能力定为对外汉语教学的目标，但总体上，对外汉语教师的培养意识比较薄弱，影响了具体教育教学活动的开展。

（二）课程设置存在偏差

培养发展文化适应能力的课程设置要基于文化适应能力的构成要素，包括跨文化角色互动能力、跨文化焦点互动能力、跨文化非焦点能力。能力产生于理论和实践的相互影响、相互作用，所以课程的实践性不可忽略。文化类课程在对外汉语教学的课程中占的比重较小，而培养非焦点互动能力的课程和综合实践类课程几乎没有，总体上语言类课程的比重较大。

1. 语言类课程比重偏大

语言类课程在各个大学的汉语学习课程中居主导地位，非学历生的课程尤为明显，而语言类课程在学历生的课程中大致占八成。有关汉语综合（有学校定名为精读课）、口语、听力、阅读、写作方面的课程是留学生的语言类必修课，学历生和非学历生都包括在内。选修课中的语言类课程包括语感训练、汉语语法、演讲、汉语词汇、高级汉韩翻译等，语言类课程在选修课中占的比例是40%以上。

尽管在留学生的课程中，语言类课程占绝对优势地位，但汉语学习者的听、说、读、写能力存在显著差异，这是因为不同技能的课程的课时安排存在差异，如有的大学的听力课一周只有一次两小节课（90分钟），而有的大学的听力课一周有三次六小节课(270分钟)。

2. 文化类课程比重小，课程设置不系统

在留学生教育中，课程设置虽不尽相同，但总体来说大同小异，文化类课程

比重较小。语言类课程在学历生的必修课中的比重很大，文化类课程比重较小。此外，还有英语、计算机、体育等课程。非学历生教育中，文化类课程寥寥无几。在我们分析的一些高校课程设置中，有的大学的学历生的必修课全部为语言类课程；有的大学在中级班开设"中国概况""中国人文地理"；有的大学在高级班开设"中国文化"和"影视欣赏"。

在仅有的文化类课程中，教授文化技能及知识、和跨文化交际有直接联系的课程占重要地位。教授文化知识类的课程有"中国历史""中国概况""旅游地理"等。教授文化技能的课程有"手工（剪纸）""中国画""二胡""太极拳"等。这些课程具有鲜明的象征意义，能体现中国的文化特色，满足了留学生的个人爱好，能激发他们的学习兴趣，使他们的留学生活生动有趣，可以让留学生进一步了解中华文化的内涵并热爱中国文化。但文化知识与技能的培养并不能直接影响到跨文化交际，行为文化（如中国人交往的习惯等）虽广泛应用于跨文化交际，但与行为文化相关的课程并不多见。留学生课程的设置不合理，适合他们学习的课程开设受限，如中国民俗只能在学历生的课程中有所体现。文化类课程比重小，不系统，不利于培养汉语学习者的跨文化意识、情感。他们面对复杂情境时将十分困难，文化适应能力的培养受限。

3. 非焦点互动能力课程和实践类课程存在空缺

在对外汉语的教学课程中，几乎没有培养汉语学习者的跨文化非焦点互动能力的课程。只有少数教师将培养跨文化非焦点互动能力的思想渗透进语言课教学中。在初级班的数字教学中，将中国人表示数字的手势教授给外国留学生就是一个很好的例子。遗憾的是，绝大部分老师并没有这种意识，他们很少将体态语（如表情、手势、动作）渗透进语言课程。这是留学生非语言交际能力远低于语言交际能力和跨文化适应能力的原因之一。

许多高校并未将实践类课程列入设置的课程中，实践类课程的空缺使学生难以锻炼在具体情境中的交际能力。文化适应能力不经交际实践自然难以发展，这影响到教师指导帮助的有效性和针对性，因为教师需根据学生在具体情境中的实际表现给出针对性的建议。

可见，汉语习得者的课程设置有明显缺陷。课程和教学作为孪生姐妹，同出一脉，相辅相成。有关教学和课程的关系有几种学说："分离说"将课程定性为内容，将教学定性为过程；"关联说"强调教学是课程系统的实施形式；"整体说"认为课程与教学是一件事，高度关联、融合，不可分割。这些学说揭示了课程和教学紧密相连，密不可分的关系。

鉴于此，课程欠缺必定会带来教学不足。体现文化适应能力培养的课程的设置不够科学、系统，这会直接导致文化适应能力培养不足，难以实现教育培养目标。

（三）缺乏交际情境设计

文化适应能力培养要依托于具体情境中的交际活动。Martin 和 Nakayama 提出跨文化交际中的"情境特征"因素，突出真实情境在跨文化交际中对提升跨文化能力的显著影响。每个人对不同情境的文化适应能力有所不同，个人的文化适应能力主要体现在面对不同复杂程度的交际情景时的适应能力。培养个人的文化适应能力，需要创设难度不一的情境，使留学生适应这些情境并开展跨文化交际活动，从而提高汉语习得者的文化适应能力。

课堂教学中创设具体的交际情境，指的是在实物、道具、音效等的帮助下，设置具体的交际环境和场景，营造适用于某些特定场合的交际氛围。

创设情境开展跨文化交际在汉语教学活动中的比重较小。在汉语口语课的训练中，对正在进行对话练习或小组讨论的学生进行观察评测较容易，但创设交际情境开展跨文化交际训练的案例在课堂教学观察中极为少见。在关于设计教学活动的访谈中，有一位老师提到，他曾让班上的留学生熟悉一个小短剧中的角色并记住台词，继而让其在课上表演，但此活动仍未脱离场景空缺的限制，仍以语言表现为主，相关场景和情境的设置仍未被重视。

跨文化交际情境设计的严重匮乏，影响了学生对异文化的情感体验，他们面对跨文化交际场景、气氛时难以适应。这导致了学生无法借助具体情境强化提高跨文化意识，增强跨文化感情认同，也无法通过情境中的交流互动进一步深入理解语言和文化符号在跨文化交际中的深刻意义。这不利于跨文化交际角色互动能力的培养，学生的跨文化焦点互动能力和非焦点互动能力得不到训练和提高，学生文化适应能力的发展也难以得到进一步推进。

（四）课堂教学互动不足

依据符号互动的理论，在人际交流互动中，人们可以理解符号的内涵，借助角色获得符号被赋予的深刻含义。人们所得知的符号意义是指所面对的具体情境赋予符号的具体明确的含义。而所谓汉语学习者的文化适应能力，本质上指的是与中国语言文化符号之间进行交流和互动的能力。

根据符号互动理论，汉语学习者要通过人际互动、借助角色及情境设定来学到这些符号并获得这一能力。对于汉语学习者来说，获得这种能力有两种方式：

生活交际和课堂互动。对外汉语课程中，成功的课堂互动（包括师生互动和生生互动）有利于留学生较快获得符号的意义并将其运用在人际互动中。师生互动的内容有教师的讲解和教授、学生的反应和理解、教师的反馈和建议、学生的改进和提高、课堂上开展的虚拟情境训练、在文化适应能力的培养过程中产生的"解释""操练"及"实践"各部分，而学生之间的互动是在教师的指导下进行的。经研究考察，对外汉语教学中的课堂互动明显不足，文化类和语言类课程都是如此，这严重阻碍了留学生文化适应能力的培养。

1. 文化类课程课堂教学互动不足

对外汉语教学的文化类课程以文化知识类课程及文化技能类课程为主。文化知识类课程包括"中国历史""中国概况""中国文化"等，文化技能类课程包括二胡、中国画、手工等课程。这些文化类课程面临课堂教学互动严重不足的严峻形势。

文化知识类课程的教学模式以教师讲解教授为主，缺少教师和学生之间的交流互动。该类课程的课堂教学活动几乎没有课堂"操练"（包含"纠错"）和交际实践练习。

有的老师尽管会经常问学生是否理解和掌握了所教授的知识内容，但并未布置相应练习题目以检查学生的学习成果，很难对学生的学习进度有较为准确的理解和把握。有时学生自以为理解了知识，但个人语言水平实际上限制了对相关内容的深入理解。尽管有的老师在教授知识之后安排时间组织学生讨论、点评，但学生没有兴趣参与。尽管少数同学能够参加，并且发表自己的见解，但他们的表达形式单一，这导致教学活动的训练意义得不到真正体现。

在文化技能课上，师生之间的互动活动有教师讲解、学生练习、教师指出学生练习中的问题并加以指导，这些都是以文化技能为中心。剪纸等手工作品制作、水墨画绘制、太极拳表演、二胡演奏等类型丰富的活动，并非以培养留学生的文化适应能力为目的，也没有设计相应的交际训练活动。

与师生互动不足相比，生生互动不足的情况更为严重。无论文化知识类课程还是文化技能类课程，在课堂教学中，学生之间的互动几乎不存在。具体来说，几乎没有虚拟的情景设置、角色扮演活动等类似的跨文化交际的具体实践练习活动，也没有设置对话、讨论的环节，学生互动的机会几乎不存在。

对于汉语教学文化类课程而言，课堂教学的目的是培养留学生的文化适应能力，弥补教师和学生之间互动、学生和学生之间互动的严重不足。当前的教育模式虽然教给学生一定的信息文化知识，训练了一些文化方面的技能，但因为与交际相关的行为文化内容较少，所以这种教育模式不能发挥文化类课程对培养学生跨文化意识与情感的促进作用，也不能发挥其促进学生跨文化焦点互动与非焦点互动能力的发展的作用。

2. 语言类课程课堂教学互动不足

就课堂互动而言，相比于文化类课程，语言类课程的课堂教学具有明显优势。这主要是因为在对外汉语教学中，培养汉语交际能力是传统目标，教师会在教学中设计练习环节，借此检查学生对知识的理解程度。此外，结合语言练习重点开展"操练"也是一种课堂互动的形式。但若对照教学目标，即培养文化适应相比，在语言类课程课堂教学中，重复、模仿和纠错等课堂操练（师生互动）和交际实践练习（生生互动）强度仍不够，课堂互动仍严重不足。

重复、模仿等训练是语言类课程课堂教学的重要环节，教师对此重视程度明显不足。教学课堂上进行重复、模仿训练，在大部人心目中意味着教师领读学生跟读一遍即可，然而事实上这种程度的练习远远不够。对于语音和句子结构的练习，大量的重复和模仿练习是使陈述性知识转化成程序性知识的必要过程。至于语音练习，要想在交际中反应迅速、读音标准，进行大量的重复和模仿练习是必要的，这样可以使发音器官形成肌肉记忆。有关句子结构等的练习也需要借助大量的重复和模仿练习，从而使陈述性知识转化成为程序性知识。这样，在交际中有关语言的输出和输入才能实现即时反应。通过课堂观察发现，学习新词语、句型和课文时，最初的重复、模仿在教学中都有所体现，对于少数教师而言，在初级班教学中开展的重复、模仿强度远大于中高级班的训练强度，而且在不同语言水平班级的课堂教学中，普遍存在忽视纠错之后的重复、模仿训练的现象。

语言类课程的课堂教学中的纠错不及时、不到位是师生互动不足的重要体现。"纠错"作为课堂练习的重要组成部分，指的是教师在观察学生的表现之后进行反馈和评价，提出问题，进一步指导，并使其纠正错误，学会正确的表达方式。教师对学生课堂表现的观察评测结果显示，教师进行的反馈和纠错不及时、不到位，在一定条件下会导致学生学习效率低下，觉得自己难以理解知识难点，从而不再积极训练。此外，留学生在长期学习中的常见问题若得不到及时解决，就会演变成难以改正的顽疾，通常被称为"化石化"现象。对于中高级语言水平的留学生来说，他们的语言表达在语音、词汇、语法方面存在大量顽固的问题，严重阻碍了跨文化交际的顺利开展。

在语言类课程的课堂教学中，学生之间进行的互动应在课堂教学中占据一定比重，它属于文化适应能力培养的重要环节——"实践"部分。从总体上来看，教师通常会在口语课上安排一些对话练习，开展练习前教师会提出相关的具体要求，如选择话题、应用重点词和句型等。这对学生之间的互动有一定的指导意义，但生生互动中的纠正改错环节仍存在明显欠缺。在生生互动之后，教师并没有针对表达中的错误进行纠正，进而让学生反复练习加强记忆。除了一些简单的会话练习和讨论外，在语言类课程中，有关交际训练的教学活动偏少，生生互动严重缺乏。

在课程设置中，语言课的比例占绝对优势，但是经调查研究发现，汉语学习者的焦点互动能力与语言课占绝大比重的现实情况不匹配。可见，在语言课课堂教学中，师生互动和生生互动不足严重阻碍了学生跨文化焦点互动能力的培养和发展。

二、汉语习得者文化适应能力培养中存在的问题的形成原因

（一）对外汉语教学传统的束缚

在对外汉语教学中，课堂教学存在显著的语言学教学倾向，注重课堂教授，操练不及时、不到位，缺少具体交际情境的训练，由此引发互动不足问题。这一现象的产生是因为传统教育模式的深刻影响。

1991 年，吕必松对语言学教学和语言教学做过明确划分，就教学目的、原则和方法等方面明确指出了二者的明显差异。吕必松提出，就教学目的而言，语言学教学的目的是培养提升学生在语言研究和教学方面的专业素养和能力，而语言教学的目的是培养提升学生语言交际的能力。就教学内容而言，语言学教学主要针对的是和语言理解与应用相关的知识，而在语言教学中，适当地教授语言知识有助于学生深入理解、运用所学的语言。就教学原则而言，语言学教学原则强调的是科学性和系统性，语言教学的原则强调更多的是实践性。就教学方法而言，语言学教学方法以教授为主，语言教学则要利用大部分课堂教学时间开展有关言语技能及交际技能的训练。尽管如此，对外汉语教学仍受渊源深厚的语言学教学传统的束缚。

1. 来自国外研究的影响

在对外汉语教学发展初期，美国和苏联进行了相关研究，受研究结果影响，语言学教学传统得以形成。

20 世纪 50 年代，美国结构主义语言学盛行，对外汉语教学界受此影响，注重以结构为出发点分析语法，而且"过于强调语言学理论指导，教学法方面存在

严重问题，出现重知识、轻实践的倾向"，由此形成了重视语法教学的传统。

新中国成立之初，在多种因素的作用下，苏联外语教学思想对我国影响重大，甚至也影响到对外汉语教学界。在那个时代，曾有学者引用苏联齐斯嘉柯夫在《论非俄罗斯学校的俄语教学》中提出的观点，进而强调词汇及语法教学："学生脚踏实地地理解掌握词的变化规则和用词造句的规则，并将其应用于遣词造句是俄语教师的任务。"有人曾翻译过苏联教育家拉赫曼诺夫的《论当前外语教学法的任务》，其中就包括强调语法构造和基本词汇的相关内容。除以上所述例子之外，斯大林曾提出强调语法重要性的相关学说，这对当时中国的语言教学影响深远。基于斯大林语言学说所述的逻辑，词汇与语法的教学被置于语言教学的中心位置。

语法研究成为中国外语教学的基础，主要是因为苏联、美国的影响。教师在教语法时，通常把培养学生观察、分析和比较语言要素，寻找规律和理论依据的能力作为重点。汉语教学受此影响，形成了对外汉语教学传统。

2. 来自国内研究的影响

20 世纪 50 年代是中国在汉语语法方面开展研究的繁荣时期，人民群众在这一时期学习汉语语法的热情达到了高潮。

1951 年 6 月 6 日，《人民日报》发表的社论曾有如下论述："只有学会语法、修辞和逻辑，才能使思想成为有条理的和可以理解的东西。"同一天起，《人民日报》连载吕叔湘、朱德熙的《语法修辞讲话》，并向社会各界发出号召，希望以此作教材，组织丰富多彩的学习活动，尤其是针对语法修辞。在全民学汉语语法的热潮中，吕叔湘、张志公等学者贡献卓越，影响突出，推动了汉语研究和汉语语法知识的普及。吕叔湘等人开创、拓宽了对外汉语教学的道路，将对语法的重视带入对外汉语教学实践，对外汉语教学开始形成重视语法教学之风。

不过，对外汉语教学传统有很大的消极作用，它禁锢了人们的思想，固化了教师的行为习惯，阻碍了教师开创新的思维方式。正如钟梫所言："过去种种原因（主要是教师思想认识上的原因）致使我们讲语音理论太多，讲语法理论太多，讲近义词太多，忽视了实践性的原则，影响了学生实际运用汉语的技能的提高。"现在这种现象依然存在，对外汉语课堂教学仍沿用传统教学方式，传统弊端逐渐显现。

（二）对外汉语教师知识的局限

统观教师群体，据课堂观察和教师访谈发现，对外汉语教师的教学态度端正积极，有较高的教学热情，对学生提出的疑问能耐心讲解。对教师来说，教学不仅是任务，更是一种享受。因此，学生文化适应能力的不足和教师的教学态度基本无关。考察研究结果显示，大部分对外汉语教师接受过汉语言文学相关专业的教育，可见汉语习得者文化适应能力培养中存在的问题也和教师的汉语专业素养基本无关。除了上述因素，我们需要从教师的知识结构上寻找原因。

关于教师知识的研究成果，学者林崇德等人指明教师知识结构包括本体性、条件性和实践性三方面知识。本体性知识指的是所教授学科的知识，对汉语教师而言，就是汉语言本体知识。条件性知识指的是如何教的知识，就是教学中需要的、影响教学方法应用的教育学和心理学等知识。实践性知识是指教师面对实际问题时应用的知识。

在教师知识结构理论的基础上，进一步分析研究对外汉语教师的知识构成之后发现，尽管对外汉语教师具有本体性知识，但条件性知识和实践性知识有一定局限。

1. 条件性知识欠缺

汉语教师教学有明确清晰的知识目标，在汉语课堂教学与文化知识上教授得很出色，讲解清晰，这里可以体现出对外汉语教师具备本学科相关本体性知识。然而，教师在课堂教学中缺少应用教育学、心理学知识，对学生开展的技能训练不足，这显示出条件性知识明显欠缺。

刘珣在《对外汉语教育学引论》中提出，对外汉语学科的基础理论包括对外汉语语言学、对外汉语教学理论、汉语习得理论等，更深层次的基础理论包括社会学、文化学、语言学、心理学、教育学等，其中教育心理学和认知心理学尤为重要。即对外汉语教师要在社会语言学、文化语言学、语言学等学科理论的基础上深入研究汉语言文化规律，而且要基于教育心理学和认知心理学真正掌握教与学的科学规律，科学有效地开展教学活动，也就是使学生能够掌握应用汉语的能力，提高学生的文化适应能力。经研究考察发现，对外汉语教师的教学参考资料以语言学工具书为主，在理论基础的影响下，其教学呈现出重语言学教学、轻语言教学的特点，欠缺如何教的知识，忽视教学的有效性，教师很少在条件知识上下功夫，这都不利于对学生文化适应能力的培养。

2. 实践性知识受限

经考察发现，对外汉语教师个人实践性知识的局限性，使汉语教师缺乏足够的文化适应能力培养意识，在培养方法上存在失误和偏差。

与理论知识相对，教师实践性知识指的是与实践密切相关的知识，是在平常的教学实践中一点一滴累积而成的，通过体验、沉思、感悟等方式发现和洞察到的，结合个人生活经验形成并应用于教育教学实践中的知识。教师的个人实践性知识具有鲜明特点，如情境性、个人性、行动性、默会性和内容特定性。

教师实践性知识和教师教授的专门学科密切相关，同时与教师个人背景有所关联，是教师个人建构的。教师实践性知识的个人性向我们揭示了教师的教育理念、教学方法及行为与教师个人的背景直接相关。

根据对外汉语教师构成可知，汉语教师通常是汉语言文学专业出身，长时间的学业生涯培养了教师对语言文字的敏感性，他们的研究同样也着眼于语言本体。在工作之外，他们还会参加与语言学相关的学术会议。这使对外汉语教师养成从语言学角度思考问题的习惯。因此，对外汉语教师的备课参考书多为语言学工具书，以语言点、语法项目为核心设定教学目标。不难理解他们倾向于语言学教学。

教师实践性知识反映了教师所处教学现场的特点和"视情形而定"的性质特征，体现了教师对教学的理解与判断。根据课堂观察和访谈得知，对外汉语课堂教学互动不足、情境设计不足，这反映了对外汉语教师缺乏与文化适应能力培养相关的教学目标、教学方法等实践性知识。因此，在教学实践中，对外汉语教师不能以培养留学生的文化适应能力为出发点，对教学进行很好地理解和判断并灵活地运用形式多样的教学方法实施科学、高效的教学。

总之，对外汉语教师的教学以语言学教学为主导方向的原因在于教师的知识结构中，条件性知识和个人实践性知识不足，教师没能将教学理论应用于实践，缺少交际能力的培养，导致教学方法出现严重漏洞。

（三）汉语习得者学习风格的制约

汉语习得者文化适应能力培养上的欠缺和学生的学习风格密切相关。汉语学习者是培养的对象，是受教育主体，他们的学习风格影响了教师教学活动的设计和课堂教学的开展。

汉语学习者风格迥异。学习风格指的是学习者长时间带有明显个人特征的学习方式，是学习策略与学习倾向的总和。学习策略指的是为达成学习目标、完成一定学习任务而采用的一系列步骤，其中某一特定步骤为学习方法；学习倾向指的是学习过程中体现的学习情绪、态度、动机、坚持性以及对学习环境、学习内容等方面的偏爱。学习风格的要素包括生理要素、心理要素和社会要素。

汉语学习者来自世界各地。来自欧美国家的学生大部分带有依存性认知倾向，可以很快适应中国的社会环境和氛围，善于并且热衷交际，喜欢和同伴讨论学习，合作共赢，齐头并进，通过交际获取汉语的词句及中国文化等方面的知识并加以运用，从而在实践中练习各种表达方式，使自身文化适应能力有所提高。而来自韩国和日本的学生具有独立性认知倾向，偏向于独自学习，不热衷使用汉语进行交际，在和本国同学交流沟通时更喜欢使用母语。相对来说，来自韩国和日本的学生的学习风格不利于提高自身文化适应能力。

（四）相关教学评价机制的缺失

教学评价通常是指根据一定的教学目的和教学原则对教师的教与学生的学进行一定的评估，对教师课堂内外的教学设计、教学组织与教学实施进行评价，还要采用考试和测评等手段对学生的学习效果进行评价。对外汉语教学评价机制中的学生学业评价和教师教学评价两方面，总体来说，均不利于汉语习得者文化适应能力的培养。

1. 学生学业评价

汉语习得者学业评价存在的问题包括学业评价未体现文化适应能力培养的主旨和学业评价的科学性不强两个方面。

（1）现有的汉语习得者学业评价办法未体现文化适应能力培养的主旨。各大学留学生学院对留学生学业成绩考核评定基本以书面试卷成绩记录学业成绩，其中听力课以听力理解的方式测试评定学生成绩；口语课对口语表达进行一定考核，口试成绩占总成绩的30%到70%不等。这样的考核方式使交际方面的考核不足，忽略了学生跨文化交际意识、情感，缺少具体交际情境交际能力方面的考核，使课堂教学依据考核的标准进行，这不利于汉语习得者的文化适应能力培养。

（2）现有的汉语习得者学业评价方式科学性不强。汉语习得者的各科教学中，教师一般遵循教材体现的语言点确定教学目标，缺少明确的教学大纲，更谈不上明确的学科教学质量评价指标体系。因此在对汉语习得者进行学业考核评价时，考试试题从题目数量到题目类型，都由教师凭借经验和主观认知设计，一般包括填空、选择、补充句子、造句、回答问题等题型，题目数量从十几道到几十道不等。命题随意性很大，缺少参照标准，难以保证试题的效度、信度、难易度和区分度，总体上科学性不强。

这样的学业评价不利于汉语习得者的文化适应能力培养。考试方式是学生学习方式的导向，考试中缺少语言交际测评和对跨文化交际实践的考查，这势必影响留学生对口语交际练习的积极性，不利于提升留学生的语言交际能力，尤其影响口语交际能力的提高。而且缺乏科学性的测试对学生学习成果的反馈也不准确，偏离文化适应能力的考评更难给予汉语习得者相关反馈。所以，这样的学业评价难以反馈学生文化适应能力的不足。现有的学业评价因其未以文化适应能力培养为出发点，其又缺乏科学性，所以也难以激发汉语习得者以文化适应能力为目标的学习动因，难以提高学生的学习积极性。

2. 教师评价

留学生所在各大学的教学管理模式比较相似，具体为学期初上交本学期的教学目标计划，学期末根据要求按目标计划完成教学任务。考核只注重讲授任务是否达标，不在意学生语言交际的实践能力是否提升，并不以学生语言能力提高的程度为衡量评定教学质量的标准。这种做法尽管没有明文规定，但在教师心中已成为惯常模式。

具体的教学评估过程通常是留学生给教师打分，学年结束时再向教师公开学生评定的优良率，这可以作为教师调整教学方向和教学内容、形式的重要参考。

教学评估分类详细，包括教学态度、因材施教、教学内容、语言板书、教学方法、教学效果、综合评价等，可分为"优秀 > 90""良好 > 75""及格 > 60"和"不及格 <60"四个等级，分别考核教师是否备课充分、认真讲课；是否做到因人而异、因材施教；是否精选教学内容，重难点突出；是否发音标准、语言规范、板书清晰、层次分明；是否精心设计教学情境、增加对话练习、提高学生理解和语言表达能力；是否让学生对汉语知识的掌握有进步程度，使其具有一定的听说读写能力；给学生留下的总体印象如何等。此外，还有其他形式的教学评估，如优点和缺点栏、建议和希望栏，这给学生提供了填写具体的看法和意见的途径。教学评估表通常由学生不记名填写，只需填写班级、课程名称与教师姓名即可。

教学评估形式的局限性使教师难以坚持自己的教学理念，有的为获好评而改变自身去适应学生，教法受学法制约，多讲授，少操练。

需要明确的是，无论是对外汉语教学的传统原因、汉语教师自身原因、学生的原因，还是评价机制的原因，都不是孤立存在的。它们在现实中相互影响、相互制衡，构成了一张无形的网，共同作用于教育实践。教师的社会性决定了教师不会作为个体单独存在，其势必为所在群体的规则所影响。正如莫兰所说，自组织的自主性都是在对环境的依赖性的基础上建立的，我们对环境的依赖既是自然的，也是社会的和文化的。

第二节 解决汉语习得者文化适应能力的培养问题的对策

一、借鉴海外汉语教学经验，打破对外汉语教学传统

海外汉语教学因不同国家、地区的教育文化的不同而各具特色，我们可以通过借鉴国外先进的成功经验，弥补国内汉语教学在文化适应能力培养方面的不足，挣脱对外汉语教学传统的禁锢。

（一）海外汉语教学模式的经验

针对外国人汉语教学实践国内出现了一些各具特色的教学模式，如"分技能教学模式""语文分开、集中识字教学模式""实况试听教学模式""汉语交际任务教学模式"等，其中"语文分开、集中识字教学模式"指的是为处于汉语学习初级阶段的欧美学生设计的教学模式，"实况试听教学模式"指的是以提升中高级阶段学生新闻试听能力为主要目标的教学模式，"汉语交际任务教学模式"指的是应用于短期汉语教学的一种教学模式。目前，国内各大高校留学生学院普遍选用的是根据语言技能分科的教学模式，这种教学模式的特点是，把汉语综合课放在语言类课程的重要位置，根据语言技能项目把科目分成听力、口语、阅读、写作等。

因为文化适应能力的培养目标具有特殊性，对外汉语教学对象具有复杂性，传统的"分技能教学模式"具有很大的局限性，无法实现提高文化适应能力的目标和要求，因此应该学习借鉴国外教学模式的经验，合理开展本体化改造，将其灵活地应用于国内汉语教学中。

（二）海外汉语教学教具制作与游戏设计的经验

每年都会有很多汉语国际教育硕士专业研究生以志愿者的身份被国家派到海外完成汉语教学任务。孔子学院总部、国家汉办公布的 2018 年新入选的志愿者岗位高达 5 666 个。他们在传播中国文化、教授汉语的同时，把先进有效的海外教学经验引进到国内，使国内汉语教学有所借鉴。

一位被派遣到韩国小学做汉语教师志愿者的研究生指出，当地的汉语教学主要利用教学用具开展丰富多彩的游戏活动，他还带回了韩国汉语教学制作教具与设计游戏的先进经验。

他们使用类型丰富、生动有趣的教具设计游戏，较为常见的教具是卡片，如

拼音卡、识字卡、词语卡等。根据课堂教学活动的不同需要，教师们还会再准备种类丰富的教学用具，包括拼音转盘、汉字拼图等教具以及做游戏用的钱币等道具。有些复合教具十分新颖，创意十足，如里面有国旗的钟表，学生利用它既能学习时间，又能复习国家的名字，并且与时间联系起来之后学生就可以知道该国家（英国、美国等）的准确时间了。

他们设计的游戏异彩纷呈，趣味十足，从电脑里的游戏列表中可见一斑，具体有钓鱼游戏、拍苍蝇等。

汉字笔画游戏通过分组竞技的方式进行，在游戏卡纸上用不同颜色的笔写下汉字的笔顺，每一组的第一个人写第一笔，第二个人写第二笔，以此类推，如果这组的每个人都写对了，就判定这个组赢。领土大战游戏是两个人用不同颜色的笔，将老师读的词快速地圈出来，圈得更多的人赢。除此之外，还有别的游戏，如汉字五子棋游戏：比如，学写汉字"你好"，其中一个人写"你"，另一个人写"好"，按照类似五子棋的玩法，五个连成线就赢。再如转盘游戏：用手弹曲别针，转到哪个词，这个同学就要说出它对应的中文，如果说对了，就能做标记，收领土。中韩价格对对碰这个游戏是赢"钱"的，得到的五元（钱币道具）可留作本组购买基金，下一个活动，老师手里拿着东西，大家纷纷喊价竞拍，用自己手中的"钱"竞拍东西。

这些尽管只是小学的汉语教学经验，但对于成年人来说也有相当的借鉴意义，丰富有趣的教学用具和可玩性强的游戏设计在成年人的汉语教学中也很重要。通过合理借鉴国外的汉语教学经验，对外汉语教师能够有效提高留学生的文化适应能力。

（三）海外汉语教学课外活动的经验

有位研究生志愿者在菲律宾做本土教师培训工作，她说菲律宾的课堂比较随意，学校有丰富多彩的活动，那里的学生具有较强的自我学习和自我组织能力。在这个基础上，学校会开展各种类型的比赛、竞技类活动，对于学生而言，准备比赛的过程本身就是一个获取知识、自我成长的大好时机，如演讲比赛、歌曲大赛、cosplay（角色扮演）、文化知识问答等，这些活动对于提高留学生的汉语水平有重要作用。

cosplay（角色扮演）活动是国外教学活动的一大特色，效果显著，形式有趣。学生通过扮演中国人物，可以深入了解中国文化、提高自身汉语表达的能力和文化适应能力。据这位研究生志愿者介绍，有一次开展的活动是一个才艺比赛，参赛学生须从中国小说、神话、影视作品中选择一个人物进行角色扮演，如孙悟空、花木兰等。比赛前参赛选手要准备一个所选角色的自我介绍，介绍内容可以是所选角色的历史背景或者与中国文化相关联的文学知识。她所辅导的学生选的角色是嫦娥，这名学生先演唱了一首与月亮相关的歌曲，然后介绍人物角色，此外还向大家展示了一些具有传统文化象征意义的舞蹈动作。

其实，国内大学并非死气沉沉，毫无娱乐项目，各个大学的留学生学院也会举办丰富多彩的文化活动。大部分留学生学院会开展国际文化节、演讲比赛、新年晚会等活动。部分大学的留学生学院还会组织排球赛、运动会、看京剧、师生联欢会、参观考察企业、中文歌曲比赛、文化考察、民俗体验等活动。

各大学设有汉语角，活动各具特色。主办方把大量时间、金钱、精力花在海报的设计、活动的宣传方面，但因主题的不同，活动的热闹程度也不一（有时候是两个人参加，有时候是 50 个人参加），活动现场氛围也不完全一样，效果更是千差万别，场次是主要影响因素。文化体验是汉语角的主要活动内容，如品茶、做面人、打太极拳等，留学生跨文化交际实践的机会不多。

各大学针对留学生举办了丰富多彩的课外活动，但实际上参加活动的留学生人数远不如预期，且国内大学举办的课外活动的主要目的是提高学生语言能力，丰富学生业余生活。这些活动中缺乏能够培养提高文化适应能力的活动。因此，需要在固有活动形式的基础上，加入提高文化适应能力的元素，设置具体跨文化交际情境，开展角色扮演等活动，增加跨文化交际实践机会。

二、倡导教师行动研究，突破对外汉语教师知识局限

教育者作为教育主导者，在教育活动中负有一定的教育责任。这也就是说，对外汉语教师对汉语习得者文化适应能力培养具有主导作用。教师是否对培养汉语习得者文化适应能力有明确意识、是否掌握了培养汉语习得者文化适应能力的科学有效的教学方法、是否能够因材施教并善于利用有限的教学资料和设备，这些都直接关系到汉语习得者的文化适应能力的培养效果。

鉴于对外汉语教师在汉语习得者文化适应能力培养中的重要作用，而教师个人知识的局限性又阻碍其作用的发挥，建议倡导教师行动研究以突破汉语教师的个人知识局限、提高教育教学能力，加强对汉语习得者的文化适应能力的培养。

（一）教师行动研究对于对外汉语教学的意义

教师行动研究从行动研究发展而来，是行动研究在教育领域的应用。"行动研究"作为术语最初于 20 世纪三四十年代出现在美国，众多专家提出了不同的定义。综合各家之言，行动研究就是实践者和研究者进行共同合作，在真实的社会情境中

发现存在的问题，通过科学的研究方法有效地解决问题、改进实践，以促进实践者对自身实践的批判性反思的过程。教师行动研究就是教师要同时扮演教育实践者与教育研究者的双重角色，在真实的教育情境中发现存在的教育问题，针对问题进行深入探究，拟定改进措施并付诸行动，通过这些探索性的教育实践，达到解决问题、改善教学实践、促进教师教学效能提升的目的。

教师行动研究强调以教师为研究主体，需要教师积极参与，注重教师的反思。教师行动研究还具有研究情境的生态性，主要是解决本校及自己课堂上出现的一些问题，研究成果或许外在效度不高，不具有推广价值。不过，如果将这些经验积累起来，可为业界提供一定的参考。教师行动研究还要以"改进"为导向，包括教师对教育实践的改进和对自身的改进，使教师逐渐修正自己原先所持的价值观和所信奉的教育信念，建构出新的实践性知识和个人理论。

因此，对外汉语教师进行教师行动研究的意义在于改进教学方法、完善教学活动、提高教学质量以及促进教师更加深入地理解教育内涵，增加个人实践性知识。

（二）对外汉语教师的行动研究尝试

通过访谈发现，一线对外汉语教师正在努力探索如何改进教学方法、提高教学质量，甚至通过一些实验课程来探究对外汉语教学方法。例如，有的教师多年来致力于语感训练的教学探索，获批了校级教学改革项目，还荣获了教改成果三等奖。但由于研究方法局限，相关探索未能在科学的方法指导下进行有序的研究；而且由于学生每个学期重新分班，也无法保证以固定的学生群体为研究对象连续一年或几年开展跟踪研究。

对外汉语教师队伍的教师行动研究的确有研究价值，但面临一些现实的阻碍。如何针对对外汉语教学现状，克服困难，调动主观能动性，顺利开展教师行动研究，值得进一步探讨。

三、提高教师"重要他人"角色意识，改变学生学习风格

学习风格是个体在学习过程中逐步形成的，有先天的生理因素，也有教育和环境的影响。汉语习得者几乎都是成年人，其学习风格将近或已经基本形成。但由于其基本属于二十岁左右的年龄层，学习风格还有一定的可塑性。对外汉语教学可以借助一些社会性因素的力量，适当改变汉语习得者的学习风格。

在教育社会学视角下，教育具有自身的社会系统，教师和学生是教育自身社会系统中基本的社会角色，这些社会角色之间的关系构成了教育的社会性因素，

它作用于学生的成长，使汉语教师可以成为留学生的"重要他人"，并在教育教学中发挥其应有的作用。

（一）"重要他人"角色的教育效力

重要他人是指对个体的社会化过程中具有重要影响的具体人物。这种影响力主要体现在对个人智力、语言及思维方式的发展和行为习惯、生活方式及价值观的形成等方面。一般来说，教师可以成为学生在日常交往过程中认同的重要他人——"互动性重要他人"。

由于留学生的生活环境和对外汉语教师职业本身的特性，汉语教师比较容易成为留学生的"重要他人"。客观上，留学期间留学生花费相当一部分时间在学校学习，与汉语教师接触机会较多；另外，由于对外汉语教师具备一定的与外国人交流的能力，留学生普遍感到与教师沟通比同一般中国人交流更容易。主观上，留学生认为教师是值得信赖的人，身处异国他乡，有困难时一般会请教师帮忙，甚至从内心依赖自己的老师。因此，汉语教师容易成为留学生的互动性重要他人。

汉语教师作为留学生的重要他人，具有一定的教育效力。因为，有研究表明，如果老师和学生的关系比较好，学生容易接受老师的指导，这种"接受"有时带有一定盲目性，但也说明这种师生关系蕴含着教育的力量。正所谓"亲其师，信其道"，汉语教师成为留学生的重要他人，这标志着一种比较密切的师生关系：留学生从内心认可自己的老师，包含敬重、喜爱、信服、依赖等情感因素。因此，师生关系融洽，留学生容易对教师所施加的教育给予积极、正确的判断，进而积极接受教育指导。

学生主动配合的教育是外因、内因同时起作用的，教育效果显而可见。而且，留学生基于良好的师生关系接受教师教育影响的盲目性较低，行动能力较好，持久性也较强。这是由留学生群体的年龄层决定的。留学生绝大多数是成年人，与少年儿童相比，不会盲目地受情感左右，一般会基于比较理性的标准对事物做出判断和选择，并且他们接受教育影响后的行动能力和持久性也比较强，所以促进良好的教育效果产生。

（二）汉语教师可以转变汉语习得者的学习风格

由于留学生的"重要他人"角色具有较强的教育效力，汉语教师可以凭借该效力影响留学生的学习理念，促使其学习风格的改变。

汉语教师成为留学生的"重要他人"，留学生就容易认同教师的理念。教师可以根据汉语的语言规律和多年的教学经验，在与留学生交往的过程中向他们灌输更加行之有效的学习方法，使留学生能够积极按照其指导学习，获得更大的进步。

为此，应该提高对外汉语教师的"留学生重要他人"角色的意识，使其在教学及日常交往过程中，以更加科学有效的学习方法和理念对学生施加积极的影响，改变学生原有的学习风格，以促进文化适应能力的形成和提高。

四、建立完善的评价体系，弥补教学评价机制的缺失

目前，对外汉语教学对学生的评价局限于书面考试的方式，对教师的考核基本以学生打分为主，这样的评价办法简单、片面，缺乏对学生成长过程的形成性、情境性评价，也忽视了对教师的专业评价和对提高、改进教学实践方面的评价。因此，为了增强培养效果，需建立适合文化适应能力培养的教学评价体系。

（一）对汉语习得者实行"形成性"与"情境性"结合的评价办法

对汉语习得者的学业评价，需要在期末考试的基础上增加形成性评价，并以多元评价与真实情境评价相结合的方式进行。

针对学生的评价，要打破一张试卷定成绩的老办法，实行形成性评价，从学习态度和方法、努力的程度以及阶段性的学习成果等多方面对学生进行评价，关注学生的成长过程。可以每周要求学生以读书报告、留学日记、学习笔记等方式展示学习成果，展示过程要求学生使用汉语进行成果汇报。对每一阶段的汇报都要有评价、有记录，一段时间之后形成一个成长评价记录，便于学生进行学习反思，教师也可以根据记录总结教学中的成功与失误，及时调整教学活动安排，以取得更好的教学效果。

形成性评价可以对学生的成长与学业进行全面评价，可以发现态度、方法等方面的问题，并寻找其原因，更有利于有的放矢地开展教学活动，解决现实问题。

除此之外，还可以对汉语习得者开展真实情境的学习评价。例如，定期以情境表演的方式展示学习成果，甚至可以将学生带入真实的跨文化交际情境，考核学生文化适应能力的发展情况。这种评价的核心是考核学生应对具体交际情境的能力，有利于引导学生加强交际实践练习，提高文化适应能力。

总之，这种"形成性"与"情境性"相结合的评价体系，不仅对学习结果进行评价，还对学习过程进行评价；不仅对外显的知识、技能进行评价，还对内隐的意识、情感等进行评价。这样的评价办法会起到重要的导向作用，使学生更加注重交际实践，更快提高文化适应能力。

（二）对汉语教师实行"专家督导"与"行动考核"相结合的评价办法

对于教师的评价办法如果单纯依靠学生的评价则过于偏颇。虽然学生可以通过课堂教学过程感受教师的教学态度与能力，但是缺乏教学理论和专业知识支撑，学生的评价只能作为参考。尤其当学生学习风格与教师教学理念相左时，学生在评价教师时容易对教师抱有一定的成见，所以学生对教师的评价不一定反映真实情况。

最好的办法是针对对外汉语教师实施"专家督导"与"行动考核"相结合的评价办法。关于教师的教学评价需要建立专家组进行专家督导评价。专家组成员应由有经验的教师组成，他们凭借专业知识与教学理论，加上自身的教学经验，对教师的教学进行专业评价，给出具体评价和相应的指导意见，这样有利于教师改正缺点、弥补不足、改善教学效果、提高文化适应能力。

另外，对对外汉语教师的教学评价也不能局限于某堂课，或者某一个时间段，而是应将一段时期教学情况的动态过程纳入考核范围，即对教师进行"行动考核"。这样可以对汉语教师的教学实践经历、教学改革的过程进行考核与评价，尤其是可以对汉语教师的行动研究等进行进一步评价和指导。这样的教学评价不仅可以促使教师不断地学习教学相关理论，谋求教师专业发展，更好地进行教师的职业再社会化，还能够促进教师投入更多的精力追求教学效果，不断改进教学方法，从而不断提高教学效率。

第三节　未来二语习得者文化适应能力培养策略的构想

对外汉语教学要突破只关注语言知识传授的传统，真正形成培养汉语习得者文化适应能力的教育机制，务必自上而下提高对外汉语教学界文化适应能力培养的意识，广泛学习国内外先进的研究成果和教学成功经验，并细化培养目标、优化课程设置、精确培养途径设计、加强个别指导。

一、细化汉语习得者文化适应能力培养的目标设定

教学目标是教学活动的目标导向，是教学活动开展的依据与线索，也是教学活动主体共同实现的目标。教学目标的主要功能是导向、激励、评价和调控。教师要依据教学目标确定具体的教学内容和方法，避免盲目性与随意性。因此，教

学目标的设定十分重要。

（一）汉语习得者文化适应能力培养的终极目标

汉语习得者文化适应能力培养的终极目标是培养汉语习得者跨文化交际的"意义理解"和"经验的开放性"。

1."意义理解"是文化适应能力培养的基础

解释学虽然由文本的理解发展到对人本身的理解，由方法论发展到本体论，但其"意义理解"的本质并没有改变，这一本质也体现在文化适应能力的培养中。文化适应能力的培养就是通过一定的教育教学活动，使受教育者形成与不同文化背景的人进行交际的能力。

培养文化适应能力，使留学生实现与中国人的成功交际，需要使留学生获得中国人在交际活动中对交际行为文化内涵的意义理解，也需要对自身所代表的文化的内涵进行反思性理解，即跨文化交际活动中既要对自身进行更加深入的再理解，又必须与交际对象达成共同理解。对自身的再理解通过与以前的理解进行对话实现，对他人的共同理解则通过与他人的理解进行对话实现。

跨文化交际中的"意义理解"既包括跨文化交际对象间的跨文化认知，又包括跨文化交际过程中对交际信息的理解。因此，"意义理解"是实施有效的跨文化交际活动的前提与保障。

2."经验的开放性"是文化适应能力培养的未来指向

哲学解释学认为，理解具有经验性，而这种经验具有局限性，所以真正的经验就是认清这种局限性。伽达默尔指出："真正的经验就是一种使人类认识到自身有限性的经验。真正意义上的有经验的人是一个对此经验有认识的人，他知道他既不是时间的主人，又不是未来的主人。这也就是说有经验的人知道一切预见的界限和一切计划的不可靠性。"

基于这种经验的开放性，要培养汉语习得者的文化适应能力，就要培养学生对跨文化交际经验有限性的认识，而不是把已有的经验视为经验的全部。对未知的经验有所预知，这是对人未来指向的意义，也是培养人对未来经验开放性的认知。

这种经验的开放性对跨文化交际来说，就是面对不同的交际对象具有跨文化认知的前瞻性与敏感性，可以在面对跨文化交际对象时，预见交流中出现跨文化问题的可能性，对超越有限知识的跨文化信息要善于敏锐地觉察与捕捉，并力争基于不同文化背景与视角看待问题、解释问题。经验的开放性是实施有效的跨文化交际活动的有力保障。

"意义理解"和"经验的开放性"为汉语习得者文化适应能力培养指明了终极方向，也为阶段性目标设定提供了依据。

（二）汉语习得者文化适应能力培养的阶段性教学目标

教育是有计划、有组织的活动，教学目标的设定必不可少。教学活动以教学目标为出发点，通过教学目标在不同教学阶段的具体化，引领教学实践。以文化适应能力培养为目的的对外汉语教学要将汉语习得者的文化适应能力培养由口号式的讨论转化为具体可操作的现实教学行为，明确不同阶段的教学目标，使之成为对外汉语教学所要遵守的准绳。对外汉语教学目标需要设定总目标，并下设分级目标，每一级目标都要体现文化适应能力培养的宗旨。

1. 阶段性目标设定的参考因素

汉语习得者文化适应能力培养的阶段性目标设定主要参考语言程度因素和跨文化适应的阶段性因素。

汉语习得者文化适应能力培养的阶段性目标可以依据语言程度而定。留学生大多数以语言学习等级编班，对外汉语教学一般也依据汉语习得者汉语水平设置初、中、高级课程，教材同样依此设置编写。因此，我们可以参照留学生的语言层级设定文化适应能力培养的阶段性目标。

文化适应能力培养的阶段目标设定还应该考虑跨文化适应过程的阶段性。一般在异文化接触的过程中会出现文化休克，大体要经历蜜月阶段、挫折阶段、调整阶段和适应阶段。每个阶段会持续多长时间因人而异。研究结果表明，蜜月阶段一般持续约一个月到六个月左右的时间，挫折阶段会持续约一个月到几个月的时间。

将文化休克的阶段划分与初、中、高级的阶段划分对照起来分析，如果汉语习得者来中国学习之前没有学过汉语，那么他们需要在初级零起点班级学习，初级阶段课程会伴随着他们从蜜月期走向调整期。但有些汉语习得者在本国学过一段时间汉语，来到中国后会直接进入中级班或高级班学习，这就导致同一班级的汉语习得者处于文化休克的不同阶段。

2. 阶段性目标设定的探索

汉语习得者文化适应能力培养的阶段性与跨文化运作的层次基本契合。汉语习得者文化适应能力培养第一阶段属于层次一："经验到表面且短暂的跨文化互动"；培养的第二阶段属于层次二："个体开始同化'异族群'文化之某些象征符号"；培养的第三阶段属于层次三："个体能完全双语或双文化"。一般个人的跨文化运作以层次二或层次三为理想目标。

因此，文化适应能力培养的阶段性目标可以设定为以下三个级别。

第一级目标："基本交流与适应"；第二级目标："深入交际与适应"；第三级目标："双文化化"。

具体来说，"基本交流与适应"主要培养留学生基本交际活动的语言交际能力，使其体验中国的衣食住行文化，适应在中国的生活，并在这个过程中培养留学生的跨文化意识与情感；"深入交际与适应"要求留学生随着语言学习的深入，学习更多的代表中国文化的象征符号，能够比较流畅、自如地使用汉语与中国人交流，适应不同场合的交际活动；"双文化化"旨在使留学生在两种文化中感到舒适自然、转换自如，能从其他文化之"内部成员"角度去感受其观点，基本实现双语和双文化。

留学生的文化适应能力培养三级目标可对应初级、中级、高级汉语程度的汉语习得者，能够实现第二级和第三级目标最为理想。

二、优化汉语习得者文化适应能力培养的课程设置

课程是实现教育目标的依托，是教育活动得以实施的平台，汉语习得者文化适应能力培养的课程设置应紧紧围绕培养目标展开，为具体的培养途径设计奠定基础。

（一）调整课程结构

本书针对现实中我国对外汉语教学偏重语言类课程，文化类课程处于无序状态，实践类课程相对缺乏的严重问题，以汉语习得者汉语培养目标为指向，以文化适应能力的生成机制为依托，以20世纪70年代后期学者研究的跨文化训练模式为借鉴，建构一种培养汉语习得者文化适应能力的、全新的解释、操练、文化体验、实践互动的"体验课程模式"。

"解释·操练"课程继承和发扬以往课程的优势，以语言的理解和文化意义的把握为主导，包括语言课和文化课两类，主要针对初级、中级和高级汉语程度的汉语习得者开设。该课程包括汉语综合课（1周4课时）、汉语听说课（1周4课时）、汉语读写课（1周4课时）、中国文化课（1周4课时）。这类课程是文化体验和实践互动课程开设的前提和基础。

"文化体验"课程以体验活动为课程教学的核心，可在校内或校外进行，但特定的跨文化交际体验课程仍以在校内进行为主导。开设这类课程对初级和中级汉语程度的汉语习得者而言尤其重要。具体设中国文化体验课（1周4课时）和跨文化交际体验课（1周4课时）。

　　"实践互动"课程以走出教室、走出学校，开展与中国人的真实情境的跨文化交际活动为主导。这类课程是为高级汉语程度的汉语习得者专门开设的。具体开设1周8课时的跨文化交际实践互动课。

　　通过三种课程的交叉互动，形成体验层次的递进，从语义体验到文化体验，再到真实情境体验，构成一种全新的体验课程模式，这是汉语习得者文化适应能力培养及提高所必须采取的一种有效课程模式。

（二）明确课程设置

1."解释·操练"课程

　　（1）"解释·操练"课程中的语言课。语言是文化的重要部分，语言教学不仅为培养跨文化焦点互动能力服务，也为培养跨文化交际的综合实践能力服务。另外，语言也是教育教学的重要手段，语言教学的成功与否直接影响着汉语习得者对文化适应能力培养是否能够顺利接受，关乎文化适应能力培养的成败。基于语言教学的重要性，文化适应能力培养机制一定要完善语言课程。

　　现行的留学生语言课程基本属于按照"听""说""读""写"技能训练设课模式。曾经在北京语言大学还兴起过"主讲复练"模式，但因主讲复练模式要求承担主讲课的教师和承担复练课的教师密切配合，不如技能分科授课教师教学独立、灵活，所以未能全面推行。

　　借鉴"主讲复练"模式，并依据"听""说""读""写"关联的密切性，将语言类"解释·操练"课程设为汉语综合课、汉语听说课和汉语读写课。其中，汉语综合课以语言知识为纲，汉语听说课以交际项目为纲，汉语读写课以文字书写和不同体裁文章为纲。读写课初级阶段学习内容包括汉字书写、歌谣、童话、故事等，中级阶段包括记叙文、散文、小说等，高级阶段包括小说、说明文、议论文等。

　　（2）"解释·操练"课程中的文化课。语言课主要培养汉语习得者的跨文化语言交际能力，对相关的非语言交际与文化适应问题虽然有所涉及，但最主要的任务还是通过语言操练培养汉语习得者的汉语交际能力。为培养学生跨文化交际意识、情感和完成交际任务能力，需要传授跨文化知识，培养学生对目的语文化

（中国文化）的亲近感与认同感，所以文化类课程必不可少。

文化类课程依据文化适应能力培养的目标设定课程内容，教授与跨文化交际直接相关的文化内容，即张占一提出的"交际文化"的内容。"所谓交际文化，指的是两种不同文化背景熏陶下的人在进行交际时，那些会直接影响交际的文化知识。"这里的交际文化与汉默里提出的行为文化（人的生活方式、实际行为、态度等）基本相当。

虽然行为文化是影响成功交际的主要因素，但是信息文化和成就文化也不可忽视。信息文化虽然不直接作用于交际，但是对行为文化的学习与理解起着助推作用，如只有更多地了解历史、地理和社会知识，才能更深入地理解行为文化形成的原因，才有助于行为文化内化。张红玲认为，历史、地理、文学等科目都可以从不同的角度向学生介绍文化知识，是培养其文化适应能力的重要途径。另外，成就文化学习对拉近与目的语文化的心理距离，产生文化认同有很大作用。因此，汉语习得者文化类"解释·操练"课程中也要传授信息文化与成就文化的内容。

高级班中国文化课引入比较的视角，设置中外文化比较内容，并以影视作品为依托，深入讲解与分析中国人的行为文化以及中外文化比较（表8-1）。需要说明的是，影视文化虽然属于成就文化范畴，但在这里让影视作品走进课堂，主要是作为行为文化教学的工具使用，提供学习文本。

表8-1　中国文化课设置方案

语言程度级别	文化项目	文化类型
初级	衣食住行 节日习俗 交往的委婉与禁忌	行为文化
中级	人生礼俗（婚礼习俗、丧葬习俗、出生礼俗、成人礼俗等） 影视文化（电影、电视剧） 中国人文地理	行为文化 成就文化 信息文化
高级	中国文学 中国历史名人 中国社会制度 中国思想、哲学 中外文化比较	成就文化 信息文化 文化比较

2."文化体验"课程

（1）中国文化体验课。文化类课程设置要考虑汉语习得者的主体需求。相关研究显示，汉语习得者对中外文化比较的内容兴趣度最高，行为文化次之，对信息文化兴趣度偏低，对成就文化兴趣度最低。

事实上，留学生表现兴趣度较高的行为文化项目与有助于文化适应能力提高的交际文化项目相互契合。所以，应依据行为文化与交际文化的范畴设置留学生文化类课程。

依据汉默里的文化分类，结合留学生的兴趣和语言程度，我们设计的留学生文化体验课主要涉及行为文化内容。初级班中国文化体验课主要包括饮食文化内容；中级班的中国文化课主要包括节日习俗、人生礼俗等内容（表8-2）。

表8-2　中国文化体验课设置方案

语言程度级别	文化项目	文化类型
初级	中国美食体验 中国茶体验 中国节日体验 中国书法体验 中国水墨画体验	行为文化 成就文化
中级	人生礼俗体验 中文歌曲体验 中国武术体验 剪纸与中国结体验	行为文化 信息文化

（2）跨文化交际体验课。跨文化交际体验课主要为汉语习得者创造语言文化体验的机会。初级阶段包括称呼语、体态语、待人接物等跨文化交际体验；中级阶段主要包括交往的委婉与禁忌方面的跨文化交际体验（表8-3）。

跨文化交际体验课以生活情景剧、小品、短剧等排练、表演的形式为课堂活动主要形式。跨文化交际实践可以依据汉语水平不同阶段的交际任务拟定语言实践课的教学内容和训练主题。

表8-3　汉语习得者跨文化交际体验内容

语言级别	语言实践课训练内容
初级	用汉语买东西、讲价钱 在理发的时候用汉语说明理发的要求 使用汉语到银行换钱 用汉语问路 和中国朋友约会，送礼物
中级	身体不舒服，用汉语向医生说明病情 用汉语交流求职想法 去中国朋友家做客，与朋友的家人交流 能用汉语叙述旅行经历，交流旅行感受 用汉语说明自己的学习方法，交流学习经验

注：可依据交际任务大纲，针对教学对象的特点调整训练内容。

3."实践互动"课程

在真实的跨文化交际情境中，汉语习得者会凭借生存的本能不断地适应环境，不断提高文化适应能力。正如实用主义结合行为主义提出的对人类生命的理解：人类试图应对周围的现实环境，并学会能够使他们获得满足的行为模式，而最为重要的一种满足是其对社会环境的适应。也就是说，适应环境是人类生存的本能，人们应对、调试、适应环境而获得生存。如果将留学生放置于复杂的跨文化环境中，他们会不断地应对跨文化环境，调试内心与行为模式，不断适应新环境。例如，在中国的公司工作的日本留学生由于所处的环境中大多数是中国员工，接触中国文化的机会相对较多，在请客吃饭的问题上他们已经克服了障碍，不再固守日本式的 AA 制，而是入乡随俗，适应了轮流请客的方式。在校学习的留学生因为接触的多数为外国留学生，不利于文化适应能力的提高。如果让中外学生合住，身处在生活的方方面面体现着中外文化差异的真实的跨文化情境中，他们必须调试自己的内心感受，不断调整自己的为人处世的行动方式，以适应异文化环境，从而获得文化适应能力。这些理论与实践告诉我们，可以在不断进行跨文化交际实践的过程中提高文化适应能力。设置"实践互动"课程的目的是为留学生创造真实的跨文化交际情境，为他们提供更多的参与跨文化交际实践的机会，提高他们应对跨文化交际情境的实践能力。

文化适应能力的培养是一个复杂的过程。这就要求学校教育不能只靠课堂教学，还要配合课外实践活动，以增强培养效果。另外，文化适应能力培养还需要其他学科的共同努力以及学校与社会的支持。这里的"实践互动"课程也需要学校与社会的携手合作。

"实践互动"课程中跨文化交际实践课的内容为走访中国家庭、社区、学校、企业，或直接参与中国人的社交活动，与中国人展开面对面交流。在走访之后，采用跨文化交际情景再现的方式进行深入分析、讨论甚至辩论，以增加汉语习得者的跨文化交际实践互动，增进跨文化理解（表8-4）。

表8-4　跨文化"互动实践"课程设计

语言程度	课程内容
高级班	走访中国人家（5户）：要求不同职业家庭 走访社区（5个）：要求各有特色 走访学校（5所）：要求不同级别 走访企事业单位（5个）：要求不同行业 跨文化交际案例情景再现、分析、讨论

三、精确汉语习得者文化适应能力培养的途径设计

文化适应能力培养途径设计以文化适应能力生成机制为出发点，贯彻"解释""操练""体验""实践"的主线，依托"体验课程模式"，既要使学生在学习中国文化知识基础上更广泛地体验中国文化，深入理解中国文化，又要强化语言操练，使其能够自如地使用汉语进行交流。

（一）通过中国文化体验提高汉语习得者文化适应能力

1. 文化体验对文化适应能力培养的意义

文化体验可以使汉语习得者通过感官了解中外文化差异，并对汉语文化产生喜爱之情，从而更快、更好地适应新文化。

首先，文化体验是通过感性的方式对异文化进行认知，并推动理性认识与理解。文化体验将学习的处所由课堂转移到更带有异文化符号典型性特征的真实场景中，体验者在与具有异文化背景的人或带有异文化特征的物的交流与互动中，由表层开始感知、领会异文化的特性与内涵。成为文化体验者的学生离开了教师，不再只是面对教师和枯燥的课本知识，而是面对丰富多彩的活动，在调动各个感觉器官参与活动的过程中感受文化、认知文化，可以更加自然地习得文化。

其次，文化体验在增加体验者对异文化感性认识与理解的过程中，还可促进其文化心理结构的改变，促使其更加适应新的文化。文化心理的形成不是教出来的，而是长期在具有某种文化特性的生活中积淀而成的。红色在中国人眼中代表着热情、喜庆，如果汉语习得者能够多次参与中国人生活中热闹、喜庆的场面，感受现场气氛的同时，对场景中的红旗、红灯笼等装饰加深认知，随着时间的推移，这种颜色与热闹喜庆的心理感受形成联系，便可形成相应的文化心理。文化体验有助于这种文化心理的形成，也会改变汉语习得者原有的文化心理结构。

虽然文化体验的作用有限，不如沉浸于异文化生活中的效果好，但其作为一种教育方式毋庸置疑。文化对比分析教学可以使学生从理性上对色彩等文化含义获得认知，但对文化心理的形成起不了作用，更不能产生移情。这时就需要文化体验发挥作用。文化体验可以促使个体对异文化增进认知与理解，并对其不断适应，经过一段时期的心理积淀，初步形成新的文化心理，实现文化移情。对于汉语习得者来说，日常生活接触中国文化的机会比较多，有目的、有计划的文化体验十分必要，这些对其文化适应能力中跨文化适应能力的提高是十分有效的。

除此之外，文化体验能够使体验者在积累愉快的情绪记忆的基础上，对异文化产生更多的喜欢与热爱，这对语言学习和语言能力培养也有促进作用。

对目的语文化的认可度决定着第二语言学习者对目的语的学习态度。贾尔斯在相关研究中对双语社会第二语言学习者进行了大量测试和研究，结论是第二语言学习的成功与否由学习者的学习动机决定。文化体验能促进学生产生学习动机，这也正是文化体验的意义所在。

总之，文化体验活动能够使留学生由感性认识开始进入对异文化的学习，推动理性认知，促进其适应异文化的文化心理形成，使其学习汉语的愿望更加强烈，跨文化汉语交际能力不断提高。

2. 文化体验活动的开展依托"硬文化"，兼顾"软文化"

"硬文化"是文化的表层结构，是看得见摸得着的，是物质性的；"软文化"是文化的深层结构，是精神性和方式性的。比较而言，硬文化相对于软文化更容易被理解和接受。由于留学生对中国文化的认知应该由浅入深，循序渐进，所以应由学习硬文化逐步过渡到学习软文化。例如，可以向留学生介绍不同节日的特殊食品（端午节的粽子、中秋节的月饼等），还可以介绍中国的不同菜系，让他们实际品尝。待他们对这些美食有所了解之后，再对中国人的餐桌文化进行详细介绍，进而传播中国文化中长幼有序等精神文化内容。

依托"硬文化"传播"软文化"，要调动留学生的感官，让他们感受中国文化。感受中国文化要"看"，看中国的大好山川、名胜古迹，以便更加直观地理解中国文化。感受中国文化要"听"，听中国的歌曲、戏曲、民族乐器演奏，让留学生在音乐熏陶中喜欢上中国文化。感受中国文化要"尝"，通过中华美食推介让留学生学习中国文化，并对中国文化产生浓厚的感情。

依托"硬文化"，兼顾"软文化"，还要开启心智，让留学生领悟中国文化精髓。领悟中国文化，可以借助不同时代的文学艺术作品明晰中国文化的时代精神。丹纳认为，一个时期某一类文艺作品之所以受欢迎，是因为这些作品反映了那个时期的时代精神。唐诗、宋词、元曲在每个时代都具有典型性，这些都可以帮助留学生学习中国文化的时代性特征，并从中领悟中国文化"人文传统""伦理中心""中庸谐和"的特质。

（二）通过语言操练提高汉语习得者跨文化焦点互动能力

非语言交际能力和文化适应能力的培养主要通过传授相关知识，并在交际实践活动中不断应用的过程来实现。语言交际能力的培养更加复杂，是从准确、得体到流畅自如，建立一个第二语言系统。

1. 以准确性为目标的语言操练

语言交际中的准确性包括发音标准、用词准确、语法使用无误。跨文化语言交际能力中体现为准确性的语言能力培养主要通过示范、讲解、模仿、纠错、再模仿的反复练习过程实现。

示范、讲解要求对外汉语教师示范标准、讲解清楚，为后续训练奠定基础。重复模仿是语言操练的重要环节，只有经过大量的重复模仿练习，相关的语言知识才能潜移默化地从短时记忆进入长时记忆，最终由陈述性知识转化为程序性知识。重复量以成诵之后增加 50% 的比率为宜。

纠错也是培养汉语交际能力的重要一环。纠错建立在语言技能训练中教师给予学生明确的"反馈"的基础上。"反馈"是指教师要对学生的语言表达给予评价，对还是错，好还是不好。这样，学生可以通过教师的"反馈"对自己的语言能力有客观的判断。可以说，纠错是教师纠正学生的语言错误，使其明了正确的语言表达的有效途径。如果教师及时纠错，学生就可以及时改正错误，避免再次出错，表达的准确程度也会不断提高；如果教师不能及时纠错，学生的语言错误可能会不断发生，一旦错误的表达方式形成习惯便不易改变。

针对语言准确性的训练中，在纠错之后一定要再进行模仿和重复，这一阶段的模仿和重复重点不是语言训练中的重点，而是学生容易形成语言偏误的语言点。

事实上，一般深受母语负迁移影响的语言偏误不容易改正，如果在纠错之后，不能按照正确的表达再进行模仿和重复，学生虽然了解自己的语言偏误，但没有形成正确的表达"程序化""自动化"，在日后的语言实践中，语言偏误会依旧存在，长此以往，这些偏误便可能"化石化"，成为顽疾，其语言表达的准确性便不易提高。

2. 以流利性为目标的语言操练

语言交际中的流利性是一种迅即反应。迅即反应是第二语言习得并形成语言技能所表现出的基本特征，也是熟练掌握语言技能的标志。在语言交际的过程中，接受语言信息时，语言信息刺激引起视觉或听觉的感觉冲动，在短时记忆中信息被编码，并在长时记忆中进行信息加工，整合为概念与命题，即语言信息获得理解，这是一个解码的过程。在此基础上，交际主体将做出反应和答复的符号指令经过译码转化为神经冲动，再由神经冲动引起肌肉活动，以口说或手写的形式表现出来，这个过程需要经历一定的时间，但随着练习和实践的增多，这个反应的时间会缩短，最终达到可以迅速地做出反应并答复。

在语言交际能力培养中，可以在示范、重复、模仿等环节通过提高语速促进迅即反应的形成。但要根据学生学习情况适当"提速"，且前期基础性练习要坚持慢速，以确保模仿、重复的准确性，然后可以过渡为自然速度，待学生适应后再进一步"提速"。这样的提速训练使学生能够适应更自然的语速，提高接受信息和表达信息的速度，增强语言交际中的流利性。除了语言操练中的"提速"训练外，还要增加语言应用练习和语言实践的机会，使学生在不断地练习与实践中增强流利性。

3. 以得体性和灵活性为目标的语言操练

语言的得体性是指在使用语言的过程中，不仅在语法、语义方面使用准确，还要在语用方面使用准确。

实践性练习对语言交际能力中语言使用的得体性与灵活性培养非常重要。在实践性练习中，汉语习得者的汉语应用是否适合具体语境，表达是否得体，教师可及时给予反馈并纠错，使汉语习得者汉语表达的得体性得到提高。反复的语言交际实践也会使汉语习得者更好地适应交际对象的语言表达，及时做出反应，表达自己的想法，从而提高汉语交际的灵活性。

实践性的练习一般在重复模仿之后，将初步积累的语言信息应用于实践，同样起到强化记忆、促进语言交际技能形成的作用。在这个过程中，可以是封闭练习，即完全照搬积累的语料原封不动地拿来使用，可以是半封闭的练习，即给出语言实践中需要使用的重点词语和句型，让学生自由发挥，也可以是开放式的练习，即只给出交际话题，具体语言表达没有任何限定，使用什么词语或句式全由学生决定。一般半封闭的练习对巩固学习要点、促进语言技能形成效果优于其他两种练习方式。

如图 8-5 所示，通过语言操练培养跨文化焦点互动能力，一定要体现示范、讲解、模仿、纠错、再模仿的过程，而且操练过程中要有"提速"训练，要设置创造性练习和模拟情境练习的环节。只有在这样循环互动的过程中，汉语习得者的跨文化焦点互动能力才能提高。

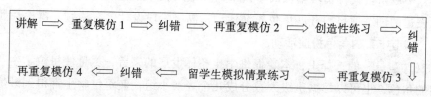

图 8-5　语言操练模式图

（三）通过角色扮演提高汉语习得者跨文化交际实践能力

1. 角色扮演的意义

角色扮演的理论依据是社会学家关于角色的理论，该理论认为每个人在社会中都要扮演一定的社会角色，它集中体现了一个社会成员的思想、情感、行为，不同角色的个体在与自己、周围人群和客观事物之间发生作用时所采取的独特的和一贯的行为方式。

一般认为，角色扮演"是一种以培养学生正确的社会行为和价值观念为取向的教学模式"，其实施过程一般以真实情境为主线，通过学生对人物角色的分析和表现，达到提高社会认知水平，解决价值观念矛盾冲突，进行自我反思的教学目的。文化适应能力培养也是一种培养适合跨文化交际情境的社会行为和价值观念的过程，所以角色扮演的方式适合文化适应能力的培养。

汉语习得者在角色扮演活动中，可以通过对不同角色的扮演，练习汉语表达，体验与实践交际中运用的行为文化的内容，更好地锻炼跨文化焦点互动能力，增强跨文化交际意识，增进跨文化交际情感体验，形成并提高跨文化角色互动能力和跨文化非焦点互动能力。适当运用角色扮演的方式可以有效地促进汉语习得者文化适应能力的形成和提高。

2. 角色扮演的操作过程

教学过程包括表演动机的激发、学生"演员"的选拔、表演框架的设计、剧本编写、场景的策划与筹备、"演员"的表演训练与"观众"培训、情境表演的实施、讨论和问题总结等环节。角色扮演依托具体交际情境的设计实现，所以进行角色扮演也意味着完成了交际情境设计。

对外汉语教学在培养留学生文化适应能力方面，可以依据不同阶段的培养目标和重点、难点，设计表演情境和表演框架，进行剧本编写。例如，初级阶段的角色扮演围绕买东西、问路、看医生等生活场景的交际活动进行角色扮演的剧本编写；中级阶段设计情境增加故事情节时，嵌入叙述旅途见闻、介绍事物特征等成段表达的训练项目，开展角色扮演活动；高级阶段设计含有谈判、辩论性质训练的、情节丰富的角色扮演活动。

在"演员"的选择上，本着促进学生整体发展的宗旨，尽量使每位学生获得一定的角色，也可以根据班级人数分成几个表演小组，使每位学生都得到锻炼的机会。场景布置可以选取一些实物做道具，也可以动手制作使用频率较高的道具。在表演的过程中，教师与学生充当"观众"，学生"观众"兼当"评委"，因此事先要进行指导、培训，表演后还要围绕表演主题从几个方面展开讨论和评价，最后由教师点评。

在角色扮演准备过程中，学生应通过对比分析明了语言规则与文化差异，既要清楚目的语文化的特征，又要反观自身，重新审视自身文化的特征，并对母国文化和中国文化进行对比，总结差异。一般在第二语言教学中，可以通过母语文化与目的语文化的对比分析，提高学生对跨文化的认识。这样的对比分析会帮助汉语习得者演好角色，获得文化适应能力。

四、加强汉语习得者文化适应能力培养的个别指导

不同国家的外国留学生受本民族语言和文化的影响，在汉语学习过程中，其学习难点、偏误类型以及学习风格等会表现出一种类似的倾向。汉语习得者在跨文化交际过程中，由于文化差异会出现一些问题，加之受文化冲突影响，在留学的不同阶段，即跨文化适应的不同阶段，所面临的突出问题也不尽相同。汉语习得者文化适应能力培养的个别指导需要针对这些特征与问题展开。

（一）针对认知结构的个别指导

汉语习得者是文化适应能力培养的对象，也是学习的主体和教育教学活动的

主体，他们的学习风格、原有的知识结构、学习需求和兴趣点等都影响着教育教学活动的开展。依据皮亚杰的认识发生论原理，文化适应能力培养中，汉语习得者对新知识的学习也是对新知识的建构，要基于自身原有的认知结构，即"理解的前结构"。理解的前结构是文化适应能力培养的基础条件。

文化适应能力培养对象的理解的前结构存在一定个体差异，有时差异还很大，如留学生对社会生活的认知、语言学习能力、跨文化交往的意愿等。理解的前结构所固有的知识、技能与文化适应能力培养中涉及的知识、技能如果有所不同，甚至差异很大，便对培养形成了阻碍。例如，母语结构与目的语结构不同，便会形成目的语学习与应用的阻碍，这就要求教师在培养的过程中科学、有效地训练目的语应用，帮助学生建立新的理解的前结构。为此，对外汉语教师在对留学生进行培养的过程中，一定要了解学生理解的前结构，包括他们各自母语的特点、母语文化的特点，先前汉语学习所掌握的内容以及每位学生的文化积累和人生经验，从而分析、判断培养中会出现哪些阻碍，然后尽量在教学活动中消除这些阻碍，使学生顺利地接受新知识。

（二）针对母语负迁移的个别指导

由于汉语学习与应用深受母语迁移作用的影响，汉语习得者的跨文化焦点互动能力的国别差异更加明显。汉语习得者学习汉语时，由于汉语的语音有声调，普遍认为汉语语音难学，另因目的语汉语与母语差异，操不同民族语言的留学生学习汉语的难点也会有所不同。

汉语与其他民族语言不同。根据语言类型学研究，英语属于"主语突出"语言，汉语属于"主题突出"语言，日语和韩语属于"主语和主题都突出"的语言。另外，英语语序改变更多地取决于语法因素，所以为"语法语序"语言；汉语、西班牙语和阿拉伯语语序改变更多地取决于语用因素，被认为是"语用语序"语言；日语和韩语语法和语用对语序都有影响，被称为"语法语用语序"语言。从语系学角度对比，印欧语系的词形变化表示词的句法功能，汉语里缺少词形变化，主要靠语序和虚词表示句法功能。

汉语与留学生母语差异给留学生学习汉语带来的阻碍不尽相同，因为留学生学习汉语时会受到母语的负迁移的影响，无论输入还是输出都会受到一定影响。以语音为例，关于语音输入，留学生原有的母语语音系统根植于大脑的语言中枢神经，对于汉语的语音，容易使用母语中的相似音去比附或同化，于是将母语语言混入汉语语音中，造成储存在大脑中的汉语语音与听觉神经感受到的外界实际语音有差距，如日本留学生把汉语前鼻尾韵母"an""en"等听成后鼻尾韵母

"ang""eng"，就是受到母语语音系统影响的结果。关于语音输出，留学生也习惯将母语的语音因素编制成发音程序，指令口腔肌肉发出语言声音，所以韩国学生说句子时句尾音较重，而且日本、韩国留学生在发双音节词"三声 + 二声"时，如"旅游""主席"等，容易误发成"二声 + 三声"，这些都是受母语语音系统负迁移影响的结果。

留学生受母语负迁移影响，学习汉语时产生的偏误不同，形成的中介语也不同。偏误与失误不同，因为偏误是语言学习者在应用目的语过程中出现的系统的、有规律的错误，代表着语言能力的不足。汉语习得者的汉语偏误一般都带有母语负迁移的印记。例如，留学生量词使用不当，与其母语中量词较少有关；离合词使用不当，与汉语以外的语言中基本没有离合词有关。日本留学生使用汉语时，时量补语和动量补语经常出现位置问题，与日语中相应成分的句中位置有关。中介语是指第二语言学习者的语言既不同于目的语，也不同于母语，是一个独立的系统。学习初期的中介语和学习者的母语相似较多，随着学习不断深入，目的语特征凸显出来。第二语言学习的过程就是中介语越来越向目的语靠近。不同国家的留学生形成中介语系统表现出的特征也与其母语密切相关。这样，偏误和中介语的差异也导致了汉语习得者的跨文化焦点互动能力的差异。

具体来说，不同国家的学生母语不同，学习汉语的难点也不同。例如，日本留学生因母语中语音、词汇、语法等与汉语的差异，表现出翘舌音 zh、ch、sh 的语音偏误，前鼻韵母 an 和后鼻韵母 ang 不分，句子宾语前置的语序偏误，同形、近形汉字词的误用等问题。英国、美国、韩国、俄罗斯、蒙古、越南等国家的留学生也会因其母语的特点及母语与汉语的差异，形成各自学习汉语的难点。因此，只有在对外教学中进行个别指导，才能帮助他们克服学习难点，获得进步。

（三）针对跨文化问题的个别指导

留学生来中国留学，不仅要学习汉语，还要对生活习惯、行为准则、价值观念等进行相应的调整，以适应新生活，这是一个再社会化的过程。在此期间，对外汉语教师要留意每位学生的学习状态和生活状态，根据具体情况进行个别指导。在留学期间，留学生如果认同汉语教师，会将汉语教师视为自己的"重要他人"，更加积极地寻求并接受汉语教师的指导和帮助。

汉语教师在汉语教学过程中，要根据需要，适当讲解中国人的生活习俗、中国社会的运行规则，为留学生顺利度过留学生活奠定基础。另外，在留学生不适应中国的学习和生活时，汉语教师也要及时答疑解惑，帮助他们尽快调整自己的心态和行为，甚至建立新的思维方式和价值观念。

（四）针对跨文化适应阶段的个别指导

跨文化适应存在一定的阶段性，前人的研究成果中指出这个过程为文化休克。如果考虑文化休克的过程，对外汉语教学可以针对蜜月阶段、挫折阶段、调整阶段和适应阶段展开文化适应能力培养。在蜜月期，充分利用汉语习得者对汉语与中国文化的新鲜感，创造各种机会，让他们体验中国文化。在挫折阶段，对外汉语教师要在生活上多关心汉语习得者，消除他们内心的失落与焦虑，在教学或生活中要对中外文化冲突进行对比讲解，让他们更加理性地对待中国文化。在调整和适应阶段，对外汉语教师要为汉语习得者创造更多的交际实践机会，使他们在实践中获得自信，并看到差距，促进他们更快地成长。

文化适应能力培养中，针对跨文化适应的个别指导有助于对留学生进行心理疏导。研究表明，来华留学生总体上存在一些轻度的心理问题。尤其学历生（在中国修本科以上学历的留学生）因为学习中遇到更多的考试形式，抑郁程度相对较高。在跨文化适应过程中的挫折阶段和调整阶段，汉语习得者的心理问题也会更多。这时，教师要进行个别指导，帮助留学生实现思维方式和价值观念的适应性调整，从而起到心理疏导的作用。

人处于心理健康的状态，情绪平稳，处理问题相对妥当，而心理出现状况，情绪不佳时，就很难妥当处理问题。强烈的恐惧和令人兴奋的希望会将人们关于社会事务的信念引入歧途，不耐烦的情绪也是引起错误判断的一个普遍原因。留学生在留学期间可能遇到各种问题，很多时候会因为所处状态不佳影响学业与生活。这时候就需要进行个别指导。

总之，在文化适应能力培养过程中，针对认知结构、跨文化问题和跨文化适应的阶段性开展汉语习得者个别指导十分必要。教师应对这些方面问题有预见的能力，尽量不待事发再去解决问题。当然，有些突发事件在所难免，这时就要在理论认知基础上努力实施有效的事前指导。这样的个别指导可以促进汉语习得者学业的进步，帮助其更快地适应中国的生活环境，从整体上提升其文化适应能力。

结　语

　　认知主义学习理论认为，学习是通过认知过程对信息进行编码、转换、组织与储存并形成认知结构的过程；学习是学习者内在心理与外在环境的互动，心理是学习者处理外部信息的媒介。在第二语言学习中，一种语言符号的信息编码不仅是一种符号信息，随之发出的还有大量的文化信息。在解码过程中，解码文化或多或少会影响编码文化，从而出现意义的改变。因此，对语言的理解要以特定的文化背景为依据。

　　众所周知，语言和文化密不可分。文化语言学学者邢福义曾用"水乳交融"来形容两者之间的关系。美国学者萨莫瓦尔说："语言不仅是一个转述经验的工具，更为重要的是作为说话者解释经验的一种方法。换言之，文化的语言习惯帮助人们选择并解释那一语言化的世界。"语言是文化的载体，其要素具有一定的文化内涵，因此语言的运用要遵循一定的文化规则；文化是语言的根基，任何一种语言都要有它的文化土壤，才能生根、发芽、成长。

　　就汉语而言，其自身语音、词汇、语法等系统中都蕴含着丰富的文化因子，汉语特有的书写符号系统——汉字更保留了汉民族文化的智慧和精髓，使它与其他语言相比具有更加浓郁的文化特质。汉语扎根于博大精深、源远流长的中国文化土壤，其在产生和发展过程中自觉保存和传递着中国文化，记录着中华民族的历史进程，蕴含着我们民族的文化心态和思维方式。因此，在对外汉语教学中，汉语的学习离不开中国文化的学习，汉语的教学离不开中国文化的教学，汉语的推广也离不开中国文化的传播。

　　由于文化具有鲜明的民族性，即文化个性，不同的文化之间呈现不同的文化形态，这种文化形态差异反映到语言层面上多表现为语言差异，因此文化因素成为跨文化交际中的主要障碍之一。在对外汉语教学中，不能只单纯注意语言教学，还必须加强语言的文化导入，重视语言文化差异及对语言的影响。这样，学习者才能在实际生活中正确运用语言。文化适应理论的提出建立在二语习得研究的基础上，对汉语二语习得者具有重要的指导意义，对语言习得者强化目的语文化学习大有裨益。目的语言文化学习虽然涉及面广泛，但仍有章可循，学习者在学习过程中应遵循语言学习与文化体验相结合、语义学习与语用学习相结合以及跨文化差异对比的原则，采用有效策略进行文化学习，最终完成汉语学习任务。语言教育工作者也应当更加客观地认识教育问题，积极转变教育观念，探索科学有效的教育方法，提高教学质量和教学效率。

参 考 文 献

[1] [英] 艾森克 M W, 基恩 M T. 基恩 . 认知心理学（第 4 版）[M]. 高定国，肖晓云，译 . 上海：华东师范大学出版社，2004.

[2] [英] 戴维·克里斯特尔 . 现代语言学词典（第 4 版）[M]. 沈家煊，译 . 北京：商务印书馆，2000.

[3] 国家汉语国际推广领导小组办公室 . 高等学校外国留学生汉语教学大纲（短期强化）[M]. 北京：北京语言文化大学出版社，2002.

[4] 国家汉语国际推广领导小组办公室 . 高等学校外国留学生汉语言专业教学大纲 [M]. 北京：北京语言文化大学出版社，2002.

[5] 国家汉语水平考试委员会办公室考试中心 . 汉语水平词汇与汉字等级大纲（修订本）[M]. 北京：经济科学出版社，2001.

[6] 陈昌来 . 对外汉语教学概论 [M]. 上海：复旦大学出版社，2005.

[7] 程裕祯 . 新中国对外汉语教学发展史 [M]. 北京：北京大学出版社，2005.

[8] 崔希亮 . 语言理解与认知 [M]. 北京：北京语言文化大学出版社，2001.

[9] 崔永华，杨寄洲 . 对外汉语课堂教学技巧 [M]. 北京：北京语言文化大学出版社，1997.

[10] 董明 . 古代汉语汉字对外传播史 [M]. 北京：中国大百科全书出版社，2002.

[11] 黄光扬 . 教育测量与评价 [M]. 上海：华东师范大学出版社，2002.

[12] 刘珣 . 对外汉语教育学引论 [M]. 北京：北京语言文化大学出版社，2000.

[13] 彭小川，李守纪，王红 . 对外汉语教学语法释疑 [M]. 北京：商务印书馆，2003.

[14] 赵金铭 . 对外汉语教学概论 [M]. 北京：商务印书馆，2004.

[15] 周小兵，赵新 . 对外汉语教学中的副词研究 [M]. 北京：中国社会科学出版社，2002.

[16] 周小兵、李海鸥 . 对外汉语教学入门 [M]. 广州：中山大学出版社，2004.

[17] 国家汉语国际推广领导小组办公室 . 高等学校外国留学生汉语教学大纲（长期进修）[M]. 北京：北京语言文化大学出版社，2002.

[18] 孔子学院总部，国家汉语国际推广领导小组办公室 .《国际汉语教师证书》考试大纲 [M]. 北京：人民教育出版社，2015.

[19] 祖晓梅 . 跨文化交际 [M]. 北京：外语教学与研究出版社，2015.

[20] BROWN，DOUGLAS H. Principles of Language Learning and Teaching (Fourth Edition) [M]. New York: Pearson Education, 2000.

[21] ROD ELLIS. Understanding Second Language Acquisition [M]. Oxford: Oxford University Press, 1985.

[22] [美] LARRY SAMOVAR. Cross–Cultural Communication (Seventh Edition) [M]. 董晓波，译 . 北京：北京大学出版社，2012.

[19] ......

[20] BURNS A B. Principles of Linguistics. Beijing and Tianjin: South ......: World Book Publishing Company, 2009.

[21] ......

[22] ......